全球电视产业

跨文化传播译丛

浙江大学"985"三期创新平台"浙江省一流学科计划——新闻传播学"资助出版教育部哲学社会科学研究重大课题攻关项目《国际传播的理论、现状和发展趋势研究》（项目编号 09ZJD0010）

译丛编委会（以姓氏笔画排序）

主　编　吴　飞

编委会成员

韦　路（浙江大学教授）

李红涛（浙江大学副教授）

杨国斌（宾夕法尼亚大学副教授）

张国良（上海交通大学教授）

吴　飞（浙江大学教授）

单　波（武汉大学教授）

姜　飞（中国社会科学院研究员）

赵晶晶（浙江大学教授）

郭建斌（云南大学教授）

展　江（北京外国语大学教授）

潘忠党（威斯康星大学教授）

启真馆 出品

跨文化传播译丛

Barbara J. Selznick

GLOBAL TELEVISION:

CO-PRODUCING CULTURE

全球电视产业

[美] 芭芭拉·J. 塞尔兹尼克 著

范雪竹 译

ZHEJIANG UNIVERSITY PRESS
浙江大学出版社

总　序

1648 年以前的世界，不过是一个个隔离的孤岛，虽然出现过古埃及、美索不达米亚、古印度及中国等四大古代文明体系，但这几大文明基本上只有地域性影响力，全球性秩序还没有成为表征那个时代的重要概念。欧洲 30 年战争后签订的《威斯特伐利亚和约》，把王权和神权的边界确定下来，承认国家主权不可随意被剥夺，欧洲文明开始了全球性扩张，主权国家的概念也影响到世界格局的确立，全球性秩序逐渐成为一个很重要的概念。

近几百年来，一直是欧洲文明主导着世界秩序。不过海湾战争后，特别是苏联和东欧的解体、两极格局的结束变成了美国一家独大的世界格局，这个阶段世界秩序出现了一个新的特征，那就是人权、民主等普世原则等成为超越主权的新的游戏规则，成为美国强势在全球施展影响力的主要工具。当然，最近俄罗斯在乌克兰的动作多少从美国制定的游戏规则和美国近几年单方面行动的作为中获得了一些灵感。尽管第 68 届联合国大会 2014 年 3 月 27 日投票通过有关乌克兰问题的决议，申明对乌克兰主权和领土完整的承诺，同时敦促各方通过直接政治对话和平解决乌克兰危机，但俄罗斯置联合国决议不顾的可能性会比较大。因为根据《联合国宪章》，联合国大会决议与联合国安理会决议有所不同：前者具有政治影响力，但没有法律约束力；后者具有强制性，相关国家必须接受并履行。

尽管金砖国家在迅速崛起，但当今的世界格局，仍然是美国一家独大。美国除了军事和外交方面的强势影响外，美国还借助其先进的传播交流技术（尤其是交通与传媒技术）的飞速发展，主宰着全球的经济、消费与文化的全球化进程。至少到目前为止，我们可以认为，无论是国际分工、国际贸易体系、国际金融都存在严重的不平等现象，美国主导的经济、文化与政治游戏规则成为这个世界的不二法则。

网络社会的兴起、跨境物质的流动、全球各地区间人类生活方式的互相连接使得"社会"这一概念发生了巨大变化。符号和人都很复杂、易变，产生了一种由"社会化"到"信息""传播"的转变。[1]安娜贝拉·斯瑞伯尼（Annabelle Sreberny, 2000）曾指出："当代修辞学主张，我们生活在一个单一的世界里，在其中，事件与空间均已消亡，距离的体验已不复存在。"[2]诚然，随着海底电缆、卫星电视、移动电话以及互联网的出现，国际电信使得时空逐渐消亡，让全世界的人际关系获得自身的即刻性和内在性。全球信息传播重新界定了全球和地方的物理界限，厘定了时间的线性进程，这些都不再虚幻。[3]

新兴的媒介技术和通信手段，尤其是因特网，让人们产生了错觉，以为重构时间与空间是20世纪90年代的现象。麦克卢汉一样观察到，空间消亡而时间成为关注的焦点是电子时代的决定性结果。但事实上，传播权力并没有因为传媒技术的进步发生根本性的改变，不少学者的研究便表明，全球数字鸿沟仍然存在，在线信息往往以欧美国家为中心，国家信息流，仍然是从发达国家流向非发达国家，发达国家（尤其是美国）生产的文化产品、娱乐产品，仍然主导着全球文化消费市场。但正因为美国的强势地位，让许多人开始反思"西方是最好的"

---

[1] Lash, S., Urry J., *Economies of Sign and Space*, London:Sage,1994; Castells, Mannel, *The Rise of the Network Society*, Oxford: Blackwel,1996.

[2] Sreberny, Annabelle,"The Global and the Local in International Communications", In James Curran and Michael Gurevitch, eds., *Mass Media and Society*, 3rd edition（93-119）. London: Arnold,2000.

[3] Appadurai, A., *Modernity at Large: Cultural Dimensions of Globalization*. Mineapolis: University of Minnesota Press,1996; Bass, A., *Translator's Introduction to J. Derrida. In Writing and difference*, ix-xx. Chicago: University of Chicago Press, 1978.

这一观点存在的问题，包括法国、日本在内的发达国家，更包括中国、俄罗斯、印度、南非等金砖大国，重新评估自己传统文明的价值和意义，一股去西方化、"脱美"的风潮正席卷全球，"欧洲中心论"、"冲击—反应"、"传统与现代"等传统模式无不一再受到更广泛、更严厉的挑战。

与世界权力格局向东转移的同时，重建国际信息新秩序也成为自醒自觉民族和国家的普遍认同。问题是，世界权力的转移是否会导致新的国际冲突？世界和平的理想，是否能够从中国、印度这样的传统文明中获得新的营养？未来的国家实力，如何在硬实力与软实力之间找到一种良性的平衡？不同文明之间的冲突真的是世界潜在的规律？

笔者认为，影响世界和平最关键的因素是资源稀缺所导致的利益之争，但与此同时，那种"你们"与"我们"、"东方"与"西方"之类的二元思考框架，也影响着人们无法超越自我格局的思维定式。这种"你们"与"我们"、"西方"与"东方"的区隔，不仅表现在地缘政治、经济利益之中，也表现在意识形态和文化价值等方面。从"黄祸论"到"中国威胁论"、从亨廷顿的"文明冲突论"到布热津斯基的"全球权力危机论"、从福山的"历史的终结论"到保罗·肯尼迪的"美国的衰落论"，都能够发现"西方"与"非西方"、"我们"与"他们"的实质性区别。诚如保罗·柯文所言："美国人在处于逆境时，依然可能在感情的最深处不由自主地回到那种经过夸大的'我们'与'他们'的两分法思想中去，认为'我们'代表'文明'，'他们'则代表文明的对立面。"[1] 这种思维定式以自我为中心，建构对于他者的想象，误解、误读与认知偏见在所难免。民族国家间、宗教信仰间，乃至思想观念和意识形态间之隔离与冲突盖与此有着密切勾连。在全球化时代，社会交往频度、广度和交往技术都较以往有着根本区别。因

---

[1] ［美］保罗·柯文：《在中国发现历史——中国中心观在美国的兴起》，林同奇译，北京：中华书局 2002 年版，第 59 页。

此笔者认为，人类社会唯有完善"与他人共在"的交往理性，超越"东"/"西"的二元思维定式，方能化解文明之冲突，建立起和平的世界交往秩序。[1]

历史上从来不乏智者对此进行深入的思考。芝加哥大学的谢尔登·波拉克（Sheldon Pollock）教授曾出版过一本专门论述世界主义精神的著作，名叫《世界主义》。在该书中，他专门讨论了印度的世界主义精神，以及这种精神与欧洲历史上出现的世界主义精神之间的差异。与世界主义对等的概念——"天下"，同样见之于中华文明。它的确隐含了"世界主义"的含义。"天下主义"与西方的"世界主义"尽管存在差异，但它仍可以看作是古希腊"世界主义"的对应词（杰拉德·德兰迪、郭忠华，2011）。[2] 在西方，随着希腊城邦扩张到波斯，然后又到印度，四海为家的世界主义思想便自然而然萌生了。古希腊犬儒学派的代表人物第欧根尼声称"我是一个世界公民"，第一次清楚地表达出世界主义最初的理念之一就是追求个人自由。而智者学派的安提丰（Antiphoon）的雅典思想家就"以毫不含糊的词语断言，所有的人都是平等的，并谴责贵贱之分和希腊人野蛮人之分"，他的见解"表述了一种坚定的世界主义"。[3] 之后斯多葛派的哲学家们认为，世界主义是一种普世观念，反映了人类成员间亲密而安全的关系，就其本身而言，它不是一种个人的自由行为。斯多葛派批评了古希腊人思想中将政治团体局限于城邦的倾向。芝诺（Zeno）认为，一个理想的世界城市应建立在一个囊括更广泛的人类社会成员的基础之上，他强调政治责任来源于强烈的主观情感。公民是宇宙整体的一部分，即国家应当

---

[1] 吴飞:《与他人共在：超越"我们"/"你们"的二元思维》，载《新闻与传播研究》2013 年第 10 期。

[2] [英] 杰拉德·德兰迪、郭忠华:《"世界主义"共同体如何形成——关于重大社会变迁问题的对话》，载《学术月刊》2011 年第 7 期。

[3] [德] E. 策勒尔:《古希腊哲学史纲》，翁绍军译，济南：山东人民出版社 1992年版，第 97 页。

是一个世界国家的想法，形成了罗马人和基督教思想的世界普救说的基本观点，给当代社会展现了一种超越我们现在所属社会的人类社会的景象。

1772 年法国著名思想家让－雅克·卢梭在他的《关于波兰政府的思考》一书中，预见到了一个新时代的来临。在这个新时代里，再没有法国人、德国人、西班牙人甚至英国人之分，而只有一种人的存在——欧洲人。他们有共同的品位、一样的激情以及相同的生活方式。1784 年康德发表了《世界公民观点下的普遍历史》，宣称历史正在趋向于缔造一个世界主义共和政体的秩序，而这一秩序将取代由民族共和国组成的世界。1795 年 9 月 29 日 71 岁的康德写下了著名的《永久和平论》一文[1]，在这篇文章中，他明确提出了法律层面上的世界主义（第一次明确地提出了世界主义宪法），开创了世界主义政治哲学，再次将世界主义推到学术前台。不过，尽管世界主义的思想无论在自由主义者还是在马克思主义者那里都可以找到知音，但在理论和实践上却很长时间处于停滞状态。

直到冷战之后，随着南非种族隔离制度的瓦解、信息技术革命、全球化和移民运动，以及各种全球性问题的出现、全球公民社会的壮大和全球治理的发展，世界主义的理念也得到广泛的复兴和发展。人们发现，国家不再是国际体系中的唯一行动者，尽管它仍然是最重要的行动者。相反，在处理全球公民社会的事务中，国家已越来越力不从心，各种跨国组织和国际协议（如联合国、世界贸易组织、APEC、G20、奥委会、绿色和平组织等）发挥着越来越大的作用。[2] 尤其是在"9·11"事件之后，恐怖分子、买卖武器者、洗钱者、贩毒者、拐卖妇女儿童者和知识产权的现代抢夺者都是通过全球网络运作的。与此同

---

[1] ［德］康德:《永久和平论》，何兆武译，载于《历史理性批判文集》，北京:商务印书馆 1990 年版，第 97—144 页。

[2] 参见［英］罗兰·罗伯逊、［英］扬·阿特·肖尔特、王宁等主编:《全球化百科全书》，南京:译林出版社 2011 年版。

时，各国政府官员——警方调查员、金融监管者，甚至法官和立法者——越来越在全球范围的网络上交换信息和协调行动以打击全球犯罪，解决共同的难题。[1]尽管正在形成的全球公民社会是否能组成一个世界之城仍不确定，但它的确为建立一种新的世界主义奠定了基础。

当然"世界主义"不过是众多关于国际新秩序思考的一种向度，其他诸如现实主义国际政治、文明冲突论、天下体系、依附理论、文化帝国主义、软实力论等，都各领风骚，在国际关系与全球传播中占有一席之地。

近几年中国一直主张建立公正合理的国际政治经济新秩序，并明确提出和平共处五项原则是建立国际新秩序的基础。其基本内容是：各国政治上应相互尊重，共同协商，而不应把自己的意志强加于人；经济上应相互促进，共同发展，而不应造成贫富悬殊；文化上应相互借鉴，共同繁荣，而不应排斥其他民族的文化；安全上应相互信任，共同维护，树立互信、互利、平等和协作的新安全观，通过对话和合作解决争端，而不应诉诸武力或以武力相威胁。但这种新秩序的建立，注定是一个漫长的历史过程。

总之，进入21世纪以来，地球虽然还是那个世界地球，但全球秩序发生了一些重大的变化。全球化、新媒体技术、软实力、符号资本等成为传播学研究者最为关切的核心概念。而随着中国通过改革开放，经济上取得巨大发展，GDP超过日本，成为全球第二大经济实体，作为世界重要成员的国家身份认同变得异常强烈，中国领导人顺势提出了中国梦旗帜，积极参与国际事务，努力重构自己大国形象并谋求在世界格局中的有利地位。因此重构与自己实力相当的国家形象就变成当下最热闹的研究课题。但如何向世界说明中国，如何清晰地表达中国的和平发展理念，同时又如何向国人说明"中国梦"以求形成整合

---

[1] [美]斯劳特：《世界新秩序》，任晓等译，上海：复旦大学出版社2010年版，第1页。

力量，仍然是相当复杂而艰难的工作。

为此，浙江大学传媒与国际文化学院组织翻译了这套丛书。这些著作从多个不同的角度，来分析全球传播与跨文化传播方面的理论与实践问题，对中国学界、政界，甚至是商业领域都有着重要的参考意义。丛书的译者，大多有较长时间的相关领域的研究和学习经历，数位译者在海外工作，这确保了翻译的质量有一定的保证。浙江大学出版社有一支优秀的出版编辑队伍，他们辛苦的劳动和认真细致的工作，使这套丛书得以顺利出版，特此致谢！

吴 飞

2014 年 3 月 28 日

献给桑福德、莉莉和埃利斯

我爱你们

目 录

致　谢

　　在研究本书内容期间，我花了大量时间来阅读和学习。本项目得益于诸多学者、朋友和家庭成员的建议、想法和支持。此外，还有很多人影响了本研究，丰富了内容。在学术上，我必须对埃米·比尔（Amy Beer）深表谢意，她非常关注我对于联合制作的研究。正是她意识到了国际联合制作的重要之处，她的影响贯穿全书。其他人（利用或者没利用他们的知识）给我提供了帮助和鼓励，包括我在亚利桑那州大学媒体艺术学院的同事们，以及其他无私的学者和朋友们：蒂姆·安德森（Tim Anderson）、卡拉·贝里（Karla Berry）、卡伦·戴明（Caren Deming）、塔玛拉·法利科夫（Tamara Falicov）、卡拉·富勒（Karla Fuller）、芭芭拉·戈夫曼（Barbara Goffman）、蒂姆·黑文斯（Tim Havens）、玛丽·贝丝·哈拉洛维奇（Mary Beth Haralovich）、尼科尔·克尔斯曼（Nicole Koschmann）、詹尼弗·詹金斯（Jennifer Jenkins）、朱莉·林德斯特伦（Julie Lindstrom）、Yuri Makino、艾琳·米汉（Eileen Meehan）、杰弗里·米勒（Jeffrey Miller）、迈克尔·马尔卡西（Michael Mulcahy）、戴比·尼夫斯（Debbie Neves）、里奇·尼夫斯（Rich Neves）、霍默·佩蒂（Homer Pettey）、帕特·弗伦（Pat Phalen）、帕特里克·罗迪（Patrick Roddy）、多特·罗姆（Dot Roome）、贾德·鲁吉尔（Judd Ruggill）、凯文·桑德勒（Kevin Sandler）、朱莉·山多尔（Julie Sandor）、贝弗利·塞金杰（Beverly Seckinger）、丽萨尼·斯凯勒（Lisanne Skyler）、贝雷塔·史密斯－尚马德（Beretta Smith-Shomade）、丹·施特赖布尔（Dan Streible）、阿尔·图奇（Al Tucci）、维基·韦斯托弗（Vicky Westover）、米米·怀特（Mimi White）和贾斯汀·怀亚特（Justin Wyatt）。

媒体艺术学院的工作人员始终支持着我，提供洞见。多亏吉尔·比恩（Jill Bean）、托尼·多拉姆（Toni Dorame）、苏·基斯（Sue Keeth）、西尔维娅·迈尔斯（Sylvia Miles）、克里斯蒂娜·斯旺森（Christina Swanson）和帕特·瓦尼（Pat Varney），让我的生活更加简单有序。我的学生们亦给我很大启发。在几乎十年的时间中，我院学生在本科入学时、本科高年级和研究生课程中，用积极分析的眼光收看《高地人》（*Highlander: The Series*）电视剧，且没有（太多）怨言。参与过我课程的学生们也贡献颇多。我也有机会能与非常优秀的研究生们一起共事，他们都值得我特别感谢：艾丽西亚·巴伦（Alicia Barron）、凯瑟琳·伯杰龙（Kathryn Bergeron）、雷切尔·博伊斯（Rachel Boyes）、基娅拉·费拉里（Chiara Ferrari）、戴比·哈拉米约（Debbie Jaramillo）、莱斯利·马太（Leslie Matthai）、卢卡斯·米丘马蒂斯（Lucas Micromatis）、德隆·奥维派克（Deron Overpeck）和萨拉·萨尔文（Sarah Salwin），他们在整个研究中的优秀表现，让我受益良多。

丹尼尔·伯纳第（Daniel Bernardi）极富洞察力的建议以及他对我研究的信任，对我来说极其珍贵，助力我投入并完成了此项研究。我真心感谢他的支持和友情。在整个过程中，天普大学出版社的弥迦·克莱特（Micah Kleit）也乐于伸出援手。在此，我要感谢弥迦·克莱特和天普大学出版社其他每一位工作人员的帮助。

本书亦得到了亚利桑那大学媒体艺术学院和艺术与国际事务学院的支持。本书的部分出现在"Europudding：International Co-Productions and Televisual Representation," *Spectator* (USC), 20 (Spring/Summer 2000)：53–62；"World Class Budgets and Big-Name Casts：The Miniseries and International Co-productions," *Contracting Out Hollywood: Runaway Productions and Foreign Locations*, edited by

Greg Elmer and Mike Gasher，157–176，Lanham，MD：Rowman and Littlefield，2004；and "The Complete Story：Religion and Race in Global Non-FictionProgramming，" *Global Media Journal*，6（Fall 2007），http://lass.calumet.purdue.edu/cca/gmj/fa07/gmj-fa07-selznick.htm。

　　最后，我要感谢我的家人。埃琳·菲泽（Elyn Frieser）和马克·菲泽（Mark Frieser）、凯瑟琳·托马斯（Kathryn Thomas）和史蒂文·威林斯基（Steven Wilinsky）以及埃利奥特·威林斯基（Elliot Wilinsky）、亚当·威林斯基（Adam Wilinsky）、丽贝卡·威林斯基（Rebekah Wilinsky）和艾萨克·威林斯基（Isaac Wilinsky），他们在我潜心写作时非常耐心，在我遇到困难时格外热心。像往常一样，我还要感谢我的父母贝特·威林斯基（Bett Wilinsky）和艾伦·威林斯基（Allen Wilinsky），他们给我的鼓励关爱，远远超过我的预期。他们对我的信任，赋予了我力量。桑福德·塞尔兹尼克（Sanford Selznick）给我的，则不仅仅是一个伟大的姓氏那么简单。他激励我，哄我开心，代替我完成很多本该属于我的工作。他的微笑和温柔的心可以点亮整个房间。最后，我想感谢我的孩子们，莉莉（Lily）和埃利斯（Ellis），他们身上汇集了他们父亲的所有优秀品质。他们对生活充满快乐的激情、坚定的决心以及取之不尽的爱与欢笑，给了我很多启迪。为了说明每天这个世界上真正重要的东西，我将这本书献给桑福德、莉莉和埃利斯。

xi

文化的全球化，首先是资本主义的全球化，然后是商品形式的全球化，表现为彻底国际化的、相互依存又环环相扣的市场。

（Frow，9）

面对日益纷繁复杂的国际传播方式——不仅包括媒体产品，连同科技、金融、人类和创意——各种趋势层出不穷，全球化充其量不过是个一网打尽式的范畴而已。

（Sinclair, Jackam, and Cunningham，22）

任何对于国际市场的学术研究都必须承认，“全球化”的实践与意义是既复杂又多方面的，尽管目前这种关联十分明显，甚至已算是陈词滥调。“全球化”这个词必须被当作问题来看待，因为我们注意到，在市场中，并非所有的国家都可以等量齐观；国家政府与边界的影响一刻也未停止。就经济或文化而言，当今世界，并不是一个巨大的地球村。尤其是文化领域，全球化的概念与民族主义、同质化和商品化紧紧捆绑在一起。不论是流行文化还是大众文化，都帮助人们了解自身、确定身份，解释人类所在的世界。文化授人以孰是孰非，什么是　　2
不可避免，什么是天方夜谭，什么值得深思，什么避之不及。在审视全球文化时，哪些想法和价值观逐渐沦为明日黄花，又是哪些想法和

---

[1]　指像麦当劳一样的快餐电视，提供标准化、形式统一、高效率的电视节目内容，可以按当地口味稍作改动。——译者注

价值观取而代之，这正是观察者们不变的追寻。

正如前文所引用的约翰·佛柔（John Frow）的观点，文化的国际化与所处的经济结构息息相关，而约翰·辛克莱尔（John Sinclair）在与其他人合著的书中也认为，当我们解析全球化这一概念时，会发现这其实是文化进行国际传播的具体过程。聚焦一个特别的生产模式——我认为这种模式下所生产的跨国电视既是一种商业产品，也是一种文化产品。本研究将深入探讨国际化电视联合制作如何影响了大众媒体的文化景观，以及更大的文化议题，例如身份建构和商业主义。

也许，围绕全球化最重要的议题就是它对民族主义的威胁。虽然有些理论家认为，民族主义是全球化运动中的早期概念；但无可非议的是，资本、制度和文化的全球传播威胁到了国家作为社会组织的统治地位。当国家的优势被全球化浪潮吞噬时，其中一个反应就是愈发关注本土化的重要性，将本土视为身份认同和知识的来源。在高速发展和饱受争议的全球化社会中，强调与本土的联系不仅是全球化的工具，亦是对全球化的应对，它提供了培养身份认同与忠诚的可能。与此同时，比起轰轰烈烈的民族主义运动，本土化对资本全球化产生的具体影响微乎其微。跨国公司可以轻松撼动本土偏好和忠诚度，并将其纳入全球化运营的一部分。[1] 在这样的全球化框架内，文化被认为是传播意识形态、促进全球资本主义的利器。一个国家的文化，如菲利普·施莱辛格（Philip Schlesinger）所言，是"区别一个国家与其他国家的价值观、实践和身份的主体"（372）。当试图否定民族主义作为身份认同的来源时，国家文化一定会被某种全球化文化压制。大众媒体，特别是电影和电视，就是这种文化最高效的传播者（Featherstone，57）。

随着世界经济私有化，少数几家大型跨国媒体公司通过横向和垂直整合，逐渐巩固了自己的地位。尽管这些公司大都位于美国，但传

---

[1] 对于本土文化和全球化的融合，还有另一种不甚悲观的理论——文化嫁接。文化嫁接理论认为本土和全球化的融合，可以创造出全新的、更加包容的文化。

媒巨头们并非为促进美国民族主义而生。正如理查德·格申（Richard Gershon）所解释的那样，"世界经济正逐步接近完全私有化，国家和跨国媒体集团会逐渐发现，两者各自追求的目标有所冲突。因为国家的目的是强化政治和经济主权，而跨国媒体巨头则唯利是图"（35）。跨国媒体集团罔顾对国家的忠诚，只求创造更多利润。

20 世纪 80—90 年代，电视产业私有化以及相关规定的放宽，为跨国电视所有权铺平了道路，下文我们会详细讨论。在世界各地进行电视节目制作，以及制作能够在全球播放的电视节目，已经成为"常识"。由国家主导电视节目的设计与制作，对政府层面来说有重大意义，却不被广大的制作人认可。当然，大部分本国观众还是会继续偏爱由本国明星出演、说着本国语言的本土节目，但制作人们已经认识到，国际化的电视节目可以带来更丰厚的利润，即便不是最流行的节目，只要能在几个国家播放就足够了。

此外，媒体的制作人和发行人发现，他们无法简单地把"本国"节目直接搬到海外（Sparks，15）。反之，他们需要在制作节目时，把节目受众设定为国际观众。这种制作方式的代价和复杂性为节目制作与策划带来了诸多革新。例如，节目"形式化"应用得日益广泛，尤其是在 20 世纪 90 年代。通过规定形式，制作人出让电视节目创意的执行权 [比如，《幸运之轮》（Wheel of Fortune）、《谁想成为百万富翁》（Who Wants to be a Millionaire）和《流行偶像》（Pop Idol）]。于是，节目形式成了商品，而非节目本身。20 世纪 70 年代的形式化体现在找到成功节目上——这些节目立足于本国市场，但亦可适应不同观众的需求。比如，美国的制作人就复制了英国成功情景喜剧的形式：利用英国喜剧《生死相许》（Till Death Us Do Apart）的形式，拍摄出《全家福》（All in the Family）；依托英国的《一家之主》（Man about the House），制作了美国的《三人行》（Three's Company）；由英国的《史泰普托和儿子》（Steptoe and Son）衍生了美国的《桑福德和儿子》（Sanford and Son）。以上都是很好的例子。在 20 世纪的 80—90 年代，制作人在尚未

4

创造出原创版本时就开始思考，国际通用的形式是节目的潜质。

与节目形式化一样，电视节目的联合制作也并非起源于 20 世纪 80 年代，而是伴随着国际传媒市场的变动应运而生的一种节目生产形式。国际合资是一个总称术语，涵盖了不同种类的联合制作，通过这个过程，至少来自两个国家的公司（两个或两个以上）联合制作一项媒介内容。此类生产有多种形式和规模。"官方的"国际联合制作是通过媒体公司所在国签署的合作协议实现的。在 1998 年，保罗·泰勒（Paul Taylor）统计了此类协议的现存数目：129 个双边协议和 6 个多边协议（1998，134）。这些协议帮助确定了联合制作的条款，其中包括一些具体要求，例如联合制作合作伙伴的财务责任、创意的所有权归属，技术人员、信源材料、地点和语言等等。

美国政府从未插手任何一个联合制作协议，这并不奇怪；参与制定这类协议可能会构成许多限制和条件，有可能阻碍"信息的自由流通"。当然，这并不代表美国不参加联合制作。单纯从技术上说，这样的生产方式被称为国际资本联合，即没有协议的联合制作。但实际上，这些条款都是由参与联合制作的制作人共同协商确定的，而不是仅仅以书面协议形式体现共同制作人的参与。通常在国际合资的情况下，所有参与公司都会提供一些创意，但并非时时如此。例如，在预售阶段，有些人会考虑国际合资，但有些人则不会考虑，一家合作伙伴很有可能决定购买媒介内容，并提前发行。预售对寻求资金支持有很大帮助，而且，如果公开一家公司的购买承诺，制作人更容易获得额外资助和发行订单。

根据本项目的研究目标，我把资本联合和协议联合制作都视为"国际联合制作"[1]。当必要（以及可能）时，我会说明这些非美国的联

---

[1]　另一种国际联合制作的形式是"复制"。合作方各自制作自己的节目，但是遵循类似的形式和预算。尽管节目刻意保持自己的本土风格，但是节目在双方的国家都被视为"本土"节目，并且得到同等待遇（从政策激励和发行角度）。这种方法其实很少见，所以在此不作详细讨论。

合制作人是否持有协议。此外，通过联合制作人获得好评的，我会把预售也算作国际联合制作的形式之一。之所以这样做，是因为有越来越多的轶事证据证实，在电视节目交易时，客户能按照自己的需求来定制节目（Paul Taylor，145）。换句话说，在尚未完成预售节目时，同意了订购条件的发行人极有可能对最终的节目产生影响，如果只是间接影响，那自然最好不过。正如我们所看到的，国际联合制作其实是一桩复杂的生意。值得注意的是，国际联合制作在全球化进程中所起的作用同样复杂。我们将把全球化的概念拆解分析，正如约翰·辛克莱尔（John Sinclair）等人所著书中所建议的，将文化生产与文化经济中的资本流动建立具体联系。

为了进一步界定本研究中的专用术语，我应该在此明确指出，本研究的关注点并不是美国以外的公司如何利用联合制作来对抗好莱坞霸权（下文将简要叙述），而是好莱坞自身如何利用国际联合制作来实现既定目标。本书将探询全球化在制作和传播国际电视文化过程中所扮演的角色，借此审视全球化在美国的影响。本书坚定地认为，电视产业的全球化过程，影响了美国。作为媒体产业最初的把关人，美国媒体内部的情况有重大参考意义。另外，我们还必须认识到，尽管好莱坞的大型制作公司都与美国息息相关，但是它们并不再像以前一样，把总部基地设在美国。相反，正如我们在前文所讨论过的那样，这些大型跨国传媒公司为了追逐利润，把重心放在了多国市场。我认为，媒体产业不断向全球化迈进，影响了美国的电视格局及其文化贡献。最后，本书还将探询国际媒体对美国媒体产业和文化的影响，在国际⁶联合制作的视域下聚焦媒体全球化的复杂性。

在全球化的框架内，国际联合制作的作用举足轻重。在各种情形下，国际联合制作肩负着双重使命：有时候，是西方资本主义媒体在全球大举入侵的先锋，有时候，是坚守本国文化的最后堡垒；有时候，国际联合制作是两者的结合。正如保罗·泰勒（Paul Taylor）所阐述的那样，国际联合制作的存在介乎于大众视觉媒体的两种想象之间：文化产业和娱乐产业。"文化"这一角度在欧洲最为流行，文化视域下的电影和电视被看作是"起源国身份认同和经验"的反映（101）。而把电影和电视当作"娱乐"的人，认为媒介内容其实是经济产出，其主要价值就是在市场上被购买和销售的能力（Paul Taylor，101）。尽管娱乐产业的角度理所当然地占据了主流，但不管是为了提升国民文化或是赚取利润，还是两者兼有，它们都促进着国际联合制作的发展（Paul Taylor，113，124）。

如下文所述，国际联合制作尤其是依据协议的联合制作，可以提升一个国家的媒体产业（允许该国通过更大手笔的预算构建身份认同）和文化水平。为获得一定的补贴和制作奖励，国际联合制作被要求必须满足一定的"国情"。比如，一项制作可能要满足以下条件中的几个，或者全部：雇用本国（或者是本地区，例如现在的欧洲就是这种情况）的创意人员，包含国家主题，或者把电影或电视节目场景设定在本国的地区。我们会在"国际联合制作的历史"这一部分详细阐释。国家利益是国际联合制作盛行的根本推动力，世界各地莫不如此，但美国除外。国际联合制作这一专有名词甚至已经超越了国别，在划分媒介内容时自成一类（Elley，20）。

但是，国际联合制作必须满足不同国家的观众需求，同时要在制作时包含合作国的主题、人员和拍摄地点。为了在国际作品中脱颖而出，国际联合制作必须将本国特点控制在一定范围内，同时反映全球事件与关切。保罗·泰勒说："国际联合制作有令人好奇的特性：对于参与国际联合制作双方的各自国家，从视觉和感觉上，这些节目既有异域风情，又有本土特色。观众对国际联合制作的节目既非常熟悉，又有些许陌生，这反映了节目背后的独特创意和联合投资，正是这样的创意和合资，才使节目制作成为可能。"（152）

所以，我们现在明白，要理解国际联合制作，就意味着在原有的电影和电视分类中，提升其存在感。国际联合制作既有艺术价值，也有经济价值；既是国外的，也是国内的；在依据协议进行国际联合制作时，它既是由私人赞助的，也是被公共支持的（通过税费奖励和津贴）；它为最富有的媒体赚取利润，也为式微的媒体赢得回报；它既是传播主流文化的工具，也为文化嫁接提供了契机。即使在同一媒介内容中，"国际化"和"本土化"是两个共存趋势，国际联合制作正是这种想法的延伸（O'Regan，76）。所以，我们现在意识到，这两种趋势不仅出现在一个孤立的市场中，还共存于单独的媒介内容里，也存在于独立制作和国际联合制作的电影和电视节目里。

国际联合制作似乎为每个人提供了一些东西，它的繁荣和扩大也顺理成章。尤其是在 20 世纪 80—90 年代，媒体市场的跨国本质不断显现，并且势在必行。对于想获得文化利益和关注经济回报的人来说，国际联合制作都是合乎情理的。在一段时间内，国际联合制作代表着媒体行业许多不同领域的最大希望，在媒体内部，国际联合制作也越来越盛行。也许今后，类似"国际联合制作和国际资本联合是 20 世纪 90 年代最流行的节目制作趋势"的观点，会出现在很多关于国际联合制作的记录中，这并不奇怪（Gershon，48）。

"最有效的反应策略"——国际联合制作的历史 [1]

20 世纪 80—90 年代，电视节目应用国际联合制作的数量大幅增加，但是在电影行业，国际联合制作这一拍摄方式早在 20 世纪 40—50 年代就已兴起。那时，电影工业气氛紧张，充斥着不确定因素，而国际联合制作的出现，正好迎合了经济上、工业上和文化上的多重需要。对比 20 世纪 40—50 年代电影产业面临的压力和 80—90 年代电视

---

[1] 尽管本研究试图整体考察全球的国际联合制作，包括美国、欧洲、亚洲和拉丁美洲，但是对亚洲和拉丁美洲的研究甚少，这也为今后的研究提供了方向。此外，我也未能找到与非洲进行国际联合制作的研究文献（只有一两篇文章曾经提到了美国与非洲公司的联合制作），这也引发了在所谓的"全球化"媒体环境下所有国家是否都地位平等的更深入的问题。

产业面临的压力，以及国际联合制作在应对上述压力时的利弊，有重大意义。理解国际联合制作在电影工业的应用历史，是我们理解国际联合制作随后应用于电视产业的基础。

比 20 世纪 40 年代还要更早一些——在第一次世界大战结束后和有声电影出现前的一段时间内，欧洲国家就试图联合对抗好莱坞电影的大量涌入（Kristin Thompson，105）。许多欧洲电影业内人士共同发起了"电影欧洲"项目（Film Europe），这也是国际联合制作最早的雏形。德国乌发电影公司负责人艾里奇·鲍默（Erich Pommer）曾经评价说："创立'电影欧洲'是很有必要的，自此之后，再也没有法国电影、英国电影、意大利电影或者德国电影；取而代之的是'欧洲大陆'电影，这些电影在整个欧洲大陆遍地开花，可以帮助制作方分摊巨额费用，电影制作也更加方便了。"（引自 Kristin Thompson，113）除了国际联合制作电影，欧洲的电影公司也在其他国家的公司投资，进入国际发行市场，确保欧洲电影能够在发行上与好莱坞电影一较高下（Kristin Thompson，116-117）。尽管"电影欧洲"项目只坚持到有声影片问世，我们仍可以从中发现，密切联系的文化和经济，是国际联合制作的主要动机。欧洲的电影公司力求制作更高成本的电影，欲与好莱坞电影分庭抗礼。与此同时，与好莱坞竞争的欲望，至少部分是由民族主义和文化动机驱使的。

9   在 20 世纪 30 年代末期，欧洲电影市场受战乱影响，或是资金萎缩，或是对好莱坞完全关上大门，欧洲的电影工作室为了多少挽回一些失去的利润，开始在拉丁美洲增加发行量。彼时，拉丁美洲也是美国政治上的重心，因为在 1933 年，富兰克林·D. 罗斯福（Franklin D. Roosevelt）制定了睦邻政策，至少可以部分阻挡住社会主义在拉丁美洲的扩张（King，32）。政府号召电影工作室在制作电影时，呈现拉丁美洲地点和人物的正面形象，但成功例子寥寥无几。尽管如此，对于向拉丁美洲市场出口各类美国电影，美国业界依然雄心勃勃。根据布莱恩·奥尼尔（Brian O'Neil）的描述，当时的一项策略就是把英语电影包装成西班牙语电影的样子。最初，美国的电影公司试图在好莱坞自己拍摄西班牙语影片。但是很快，美国的电影公司就发现，直接为在拉丁美洲拍摄的影片投资可以节省开支。例如，雷电华广播公司（RKO Radio）就曾在1945年为一家墨西哥电影公司投资，占全部投资额的50%。这种国际联合制作使美国的电影工作室在拉丁美洲电影市场保有一席之地，而无须自己制作拍摄西班牙语电影（O'Neil, n.41）。

第二次世界大战后的一段时间，国际联合制作在欧洲重新崭露头角，成为主流的制作方式。不过在那时，国际联合制作和第一次世界大战后的时期相比，有两个主要的不同点：首先，通过订立国际联合制作协议，政府开始参与其中；第二，美国的电影公司开始参与到国际联合制作中来。当时，一系列的激励计划遍及欧洲大陆，政府的参与度也因此提高。为了重振受第二次世界大战重创的欧洲电影市场，同时对抗好莱坞电影的大量涌入，一些国家的政府发起了制作津贴和税费激励计划，鼓励本国电影制作。为了获得资格，电影的制作必须满足内容、人员和经费上的要求。因为国际联合制作可以为欧洲的电影公司争取更多投资，从而与高成本的好莱坞电影竞争，所以，欧洲的电影公司想继续从这些激励计划中分一杯羹。面对由不同国家的制作人共同完成的影片，各国政府通过国际联合制作协议来界定电影的"国别"，从而审核电影公司获得奖励的资格。法国和意大利是首先签订国际联合制作协议的两个国家，协议签署于1949年。这样的协议厘清了进行国际联合制作时经费数额、人员数量、语言和内容上的要求，以便获得相应的奖励。规定必要条件，使国际联合制作流程规范化，同时制定了电影创作的相关要求，从而使国际联合制作在经济上具有可行性。

国际联合制作协议并不局限于欧洲，也不止局限于两个国家之间。在20世纪40年代末期，法国和英国都与美国签订了协议。通过这些协议，美国公司可以在欧洲的特定国家发行电影，获取利润。随着税

10

收奖励和津贴的出台，许多欧洲国家设定了指标数额和其他限制法案，使美国的电影工作室在欧洲发行电影步履维艰，转移利润时也遇到了更多阻力。[1] 虽然美国的电影工作室对这些限制愤愤不平，但它们还是找到了方法，利用带不出欧洲的利润来赚钱。这些带不出的利润可谓用途多多，比如，在欧洲建立自己的分公司、购买欧洲电影发行权、投资合拍片以及在海外拍片（即"外逃制片"）。在这些举措中，意义最为深远的就是宣告美国工作室的欧洲分公司变为欧洲本土公司。这样一来，这些公司制作的影片就可以顺理成章地获得欧洲的津贴和税费奖励（Thomas Guback，165）。

根据托马斯·古拜克（Thomas Guback）所述，这些大型电影公司，最终都非常乐于赴海外制作。那时，美国电影观众人数减少，争夺大众休闲时间的竞争日益激烈，制作费用却与日俱增，而派拉蒙判例的生效更是让电影公司的国内业务雪上加霜（Thomas Guback，164）。所有这些因素都让大型的电影公司难以为继。较为低廉的人力成本和补贴计划，使得在欧洲制片更受美国电影公司的青睐。不仅如此，美国观众的观影兴趣发生变化，观众们更加喜欢成熟的电影（Wilinsky，82-90），"国际化"场景选择和故事情节可以让影片更加成熟。

观众一直把美国视为"艺术电影"的大本营，有鉴于此，好莱坞电影产业引进了美国与欧洲国家联合制作的影片，例如让-吕克·戈达尔（Jean-Luc Godard）的《蔑视》（*Contempt*，1963）和米开朗基

---

[1] 1947年，英国政府下达了进口影片数额的限制令。政府对美国进口的影片收入开征75%的关税，引发了英美电影战争（Macnab，73；"U.S. Exports"，103）。作为反击，美国电影业很快宣布抵制英国电影市场（Kulik，295）。1948年签订的《英美电影协定》效力两年，终结了这场电影战争。《英美电影协定》规定了美国公司每年从英国带走的利润上限——1700万美元。额外的资金要视英国电影在美国院线的收入而定（《英美电影协定》，9）。按照约翰·金（John King）所述，虽然有些拉丁美洲国家也想实施类似的协定，但美国政府强迫这些国家放弃这种想法（41）。

罗·安东尼奥尼（Michelangelo Antonioni）的《放大》（*Blow-up*，1966），试图让观众对外国电影产生兴趣。不仅如此，此类影片的制作可以帮助美国电影公司拥有欧洲观众。正如彼得·列夫（Peter Lev）所解释的那样："在20世纪50年代，对于美国的电影公司来说，欧洲市场不再是奢侈品，而是必需品，因为美国电影观众数量急剧减少。"（18）所以，美国的电影公司不仅创造了外逃制片这一方式来摄制美国电影，还投资了许多欧洲的艺术电影。颇具讽刺意味的是，当美国公司利用国际联合制作来拍摄文艺片时，欧洲的电影公司却借此来拍摄好莱坞式的电影。蒂姆·伯格菲尔德（Tim Bergfelder）曾经提到，在20世纪50—60年代，许多国际联合制作都在寻找"不分国界、能获得最大多数观众欢迎的通用形式"（Bergfelder，2000，146）。动作片（及其变种——西部动作片、历史题材动作片和取材自圣经的动作片）是最受欢迎的联合制作题材（Bergfelder，2000，149）。对于场面强调明显多于对叙事的关注，这也常常导致国际联合制作的费用高昂，按照欧洲的标准，预算明显过高了（Betz，23）。

美国的电影公司不仅投资欧洲电影，正如前文所解释的那样，通过宣称欧洲分公司成为本土公司，它们可以从欧洲的电影刺激政策中获利匪浅，而这些政策却原本是为了抵抗美国的电影公司而制定的。按照古拜克所述，《综艺》（*Variety*）杂志曾预估，1966年美国电影公司的分支机构获得了英国电影基金办所发放津贴的80%（Guback，170）。许多英国的制作人都在积极寻找美国投资来支持他们的电影。美国电影公司的参与，不仅增加了电影制作费用，同时帮助美国确立了发行权（Guback，171），这也是最具商业头脑的制作人最重要的目标。

由此可见，原本旨在重振欧洲电影工业、鼓励欧洲电影与美国展开竞争的补贴体系和联合制作条款，反而被美国的大型电影公司投机取巧，用各种方式加以利用，实现其商业目的。20世纪70年代，一位意大利制作人曾说："我们虽然身在意大利，但不再只为意大利市场 12

而拍摄电影。电影制作成本太过高昂，仅仅依靠意大利国内的票房收入，我们根本无法收回成本。我们需要美国的资金，需要美国的市场，需要美国的公司在全球发行我们的电影。"（引自 Bergfelder，2000，141）在 20 世纪 60 年代末和 70 年代初，美国在欧洲电影制作业的重要地位被广泛认可。安妮·杰珂尔（Anne Jackel）提到，当时，许多按照联合制作协议拍摄的所谓"国际"影片，都是由美国资助的（88）。古拜克曾在 1969 年写道："英国的电影制作业，如果有人坚称当下确实存在一个本国的电影制作业的话，不过是好莱坞的一个分支罢了，它不仅依靠美国公司来提供资金支持，在发行上也要仰仗美国公司。"（172）与此同时，美国公司在欧洲艺术电影上的投资开始减少，因为这些公司将视线转移到了发生于 20 世纪 70 年代的美国艺术电影运动上（Lev，25）。虽然，国际联合制作电影最终使用的是英语，关注的是"国际"反响，但其中有一段时间，国际联合制作的文化和商业考量相互重叠，催生出一批非英语、高成本的美式古装剧、欧洲艺术电影和美国赞助的"欧洲本土"电影。

在国际联合制作领域，这种相互冲突的动机不仅发生在欧洲，其意义非同寻常。比如，在 20 世纪 50 年代，中国香港地区的电影公司就曾与日本公司合作，共同摄制迎合亚洲观众的电影；而在 20 世纪 70 年代，美国的大型电影公司也开始与香港地区的公司合作，共同拍摄电影。对美国电影业来说，香港地区的动作电影是一种赢得不同人种、不同民族观众的途径（就像黑人电影拥有相应的观众一样）。美国与中国香港地区合拍的首部电影是李小龙的经典影片《龙争虎斗》（1973）。这部电影的香港制作方嘉禾公司在洛杉矶很快成立了办公室，并自此在全球电影市场上表现活跃（Fore，46）。当然，这些电影在向美国观众介绍亚洲文化方面居功至伟；然而不可否认的是，这些电影最初都是为了经济利益而拍摄制作的。

13   20 世纪 60 年代前后，加拿大也开始推广国际联合制作，意在利用此类项目建立本国电影产业。根据迈克尔·多兰德（Michael

Dorland）所述，加拿大政府希望通过国际联合制作参与到全球发行、更高成本的制作当中，从而促进本国电影工业在经济上有所发展。另外一个目的是让加拿大的电影制作人与更加资深的电影制作人增加接触的机会，向他们学习如何运营本国的电影产业（Dorland，15-16）。

值得注意的是，在 20 世纪 80 年代，当加拿大电影业面临严重的经济衰退时，他们曾向美国寻求帮助，希望美国可以为加拿大电影产业带来资金，并把美国当作自己作品的主要发行地（Pendakur，203-213）。加拿大电影业积极恳求美国合作方，同时，提供有利的汇率和更低的人力成本，促进双方在加拿大联合摄制影片（Pendakur，215）。美国电影公司利用这些优势，特意寻找既有加拿大参与，又有欧洲国家参与的项目，尤其是与加拿大有联合制作协议的欧洲国家。据曼君纳斯·蓬达库（Manjunath Pendakur）所述，这样的方式使美国既能够受益于加拿大政府的奖励计划，同时也能从第三国的刺激政策中获利，此外，此举还能帮助美国进军欧洲市场，因为这种联合拍摄的作品也算是欧洲的电影。下文我们将详述加拿大电影产业向美国合作方求援期间，美国公司大有一揽子接管全部项目的趋势，这也反映出在经济困难时期，国际联合制作的重要性。

还有另外一个例子，在 20 世纪 80 年代，拉丁美洲经济普遍萧条。投资影片和发行影片成了一个大难题。彼时，关于发展建立"泛拉丁美洲市场"的言论逐渐增加。当然，在那之前已经有一些拉丁美洲国家建立了合作伙伴关系，而经济上的衰退让评论家们，比如加夫列尔·加西亚·马尔克斯（Gabriel Garcia Márquez），开始为统一的拉丁美洲市场奔走呼号，为了谋求更高预算，制作出商业上更成功的电影（King，75）。

在亚洲，美国电影业充分利用国际联合制作，创作低成本电影，力求冲击"影片直接到户"的亚洲市场（Morris，185）。实际上，国 14 际联合制作与家庭录影带兴起的关系，具有重要意义。保罗·泰勒曾经论述，美国的电影业和电视业都开始接受联合制作，这是它们"成熟"的表现，因为它们"面临着不断上涨的制作费用、观众群体分化和即将出现的新技术"（112）。对于电影业来说，这段不稳定性与日俱增的日子出现在 20 世纪 50 年代，当时，美国电影市场转型，电视观众数量持续增长，电影作为大众娱乐主要形式的地位受到了威胁。对于电视产业来说，同样的危机出现在 20 世纪 80—90 年代，当时，广播电视产业（美国和欧洲都包括在内）遭遇了相同的危机。

许多学者都发现，20 世纪 80 年代是电视产业的转折时期，不仅是在美国，在其他国家亦是如此。在美国国内，有线电视和卫星电视的兴起（某种程度上是家庭录影带的兴起）为电视节目制作打开了全新的需求市场，同时细分了观众，亦削弱了三大电视网的力量。由于"播出时间"不再是什么稀缺资源，这些新技术兴起带来的机遇，也对电视产业的进一步开放有所辅助。逐步开放电视产业、减少限制，也推动了电视台之间的兼并融合，限制了节目间联合的机会。随后，在 90 年代，减少管制政策也使得《辛迪加财务法》（Financial Interest and Syndication Rules）失效，电视网可以自行成立节目制作团队，为电影公司、电视制作公司和广播网的融合铺平了道路。

反观海外市场，私有化、管制的解除以及技术上的革新，不仅让电视台的数量增加，也促进了这些电视台的商业化。所以，欧洲电视逐渐市场扩大，而美国市场却在不断细分。正如西蒙·欧斯旺（Simon Olswang）在书中所述：

> 随着家庭录影带、有线电视和卫星电视的普及，美国的传统电视市场日趋细分，同时，电视节目的制作费用飙升，美国无法独立负担如此高昂的费用；制作电视连续剧、每周电影和迷你剧集所带来的赤字更多，剧情长片在海外的前景更为重要——美国的电视网、有线电视频道和电影公司不得不在决策过程中更加关注外国市场。（21）

15

当然，电视领域的共同制作在 20 世纪 80 年代之前就已经出现。在 70 年代，不论在美国还是海外，公共广播平台都感受到制作预算上涨所带来的压力，以及商业电台的有力竞争。欧洲的公共广播电台相互合作，共同制作节目，而英国广播公司（BBC）是最受美国公共电台欢迎的合作伙伴。据文森特·波特（Vincent Porter）所述，在 20 世纪 70 年代，波士顿公共电视台（WGBH）就已经名声不佳，因为在与其他公司共同制作节目时，它总是未经允许就擅自改动电视节目内容，只为谋求自己在本国市场的利益（8）。有线电视台也是联合制作的先行者（Strover，107），它们频繁地与欧洲的公共电视台合作关系，同时也与日本放送协会（NHK）合作，共同摄制节目。

对于电视网来说，早期参与国际市场的方式是通过购买国际电视公司来获利。美国的电视网也早早与拉丁美洲的电视网建立合作关系，虽然如此，但根据约翰·辛克莱尔（John Sinclair）的著述，美国电视网的援助仅限于技术和组织架构上的建议，而非资金上的支持，这种情况一直持续到 20 世纪 50 年代末期（38）。正式的直接投资开始于 60 年代，美国广播公司（ABC）与墨西哥的大型制作公司达成了合作协议，最终由墨西哥电视台 Televisa 和美国的 Time Life 为巴西的全球电视台（TV Globo）投资（Sinclair，41）。截至 1965 年，美国广播公司投资了 24 个国家的 54 个电视台，遍布拉丁美洲、非洲和亚洲（Herman and McChesney，21）。到 20 世纪 80 年代初期，美国广播公司还持有 Telemunchen 公司 49% 的股份，Telemunchen 总部位于慕尼黑，是一家电视制作和发行业务兼有的公司（Gershon，48）。在 1990 年，哥伦比亚广播公司（CBS）和美国全国广播公司（NBC）也与英国的制作公司签订了联合制作协议：哥伦比亚广播公司联手格拉纳达电视台（Granada），而美国全国广播公司选择了约克郡电视台（Yorkshire TV）。

从单纯的财务投资转向为节目共同制作，印证了卡尔·霍斯金斯（Carl Hoskins）和斯图尔特·麦克菲迪恩（Stuart McFadyen）的论断：在 1985 年初，业内人士都意识到国际联合制作是"新的经济压力迫使 16

电视节目制作环境转型时最有效的反应策略，美国内外都是如此"（220）。在 20 世纪 90 年代，各大电视网都提升了国际联合制作的比重，尤其是《辛迪加财务法》解除之后。1997 年，《名利场》（*Vanity*）杂志曾经报道："现如今，仅仅作为美国电视业的佼佼者是不够的。要在众多的电视网当中脱颖而出，各大公司必须征服世界。"（Stuart Miller，M3）

这些从 80 年代末到 90 年代的联合制作，据马克·道尔（Marc Doyle）的说法，并不是完全由财务利益驱使的。相反，在那时，制作人都发现了创造性合作的重要性（Doyle，12）。在 1991 年，意大利贝卢斯科尼传媒集团的执行副总裁曾表示："一家公司参与国际联合制作"并不是为了给自己的节目寻找投资，而是为了寻找合作伙伴，发掘创意。"（引自 Glenn and Amdur，23）至少，美国的电视制作人需要开阔眼界，不再局限于美国市场的口味和兴趣。正如拉尔夫·内格莱恩（Ralph Negrine）和斯蒂利亚诺斯·帕帕萨那索普洛斯（Stylianos Papathanassopoulos）提到的那样："最终，对广电系统限制的放宽，迫使各大播出机构在国际舞台上展开角逐——寻找投资、联合摄制、兼容并购等等，促进了电视产业的国际化。"（23）在国际化的进程中，美国的制作人们不得不应对挑战——"在视角和内容上都更加的国际化"（Doyle 转引自 Andrew Neil，119）。

上述的国际联合制作简史说明，不管是在电视还是电影领域，国际联合制作的动力都是经济因素和文化因素的交织。国际联合制作在财务和文化经济上地位特殊、角色复杂——既是外国媒体，也是本国声音；既有私人资助，也有公众支持；既是财大气粗的制作人的手段，也是惨淡经营的媒体人的利器；既报道主流形态，也关注边缘文化。对于此类国际联合制作项目，我们需要更透彻地考量其优势和缺点：关注国际联合制作过程与媒介所处的产业和文化背景间特别的互动方式。

正如其历史所展示的那样，学者们和业内人士都认为国际联合制作拥有诸多经济与文化上的优势。毫无疑问，经济上的考量比文化上的更加重要。如果没有经济利益，恐怕几乎没有公司愿意投身于国际联合制作。不仅如此，国际联合制作的经济和文化优势也常常交织在一起。例如，保罗·泰勒曾经写道："国际联合被看作是集中足够的资金来制作节目，为美国电视提供各种观看选择。"（123）从这样的论断我们可以看出，业界其实雄心勃勃，希望联合制作不仅能提供收看上的不同选择，更能提供文化上的选择，对于提高制作预算的渴求十分强烈。尽管如此，我们必须注意到，各方参与国际联合制作的原本目的不尽相同。比如，政府之所以设立节目制作激励计划、颁布联合制作条款，是因为他们希望借此建设本国文化；而制作人们关心的是，联合制作的节目，是否具有在跨国市场中赚钱的潜力。另外，以下这些动机因素亦需要考虑：有些政府加强本国电影产业建设的初衷其实是提升经济，而一些制作人会利用国际联合制作的经费呈现自己所需的艺术画面。所以，我们在概括动机和对他人行为做出假设时，需要格外谨慎。按照这种说法，不管怎样，如果我们不去考虑各方在国际联合制作中的得失，我们就无法完全理解国际联合制作。

关于国际联合制作的优缺点，最详尽的研究是由霍斯金斯和麦克菲迪恩（McFadyen）在 1993 年合作完成的。他们研究了行业刊物，分析制作人们在刊物中所表明的自己参与国际联合制作的原因。霍斯金斯和麦克菲迪恩发现，参与国际联合制作的主要原因包括：分享财务资源、获得津贴和奖励计划、进入合作伙伴的市场、进入第三国市场、向合作伙伴学习、降低风险、获得资源（比如明星和其他创意人员）和理想的拍摄地点（Hoskins and McFadyen，227-229）。

分享财务资源——制作人参与国际联合制作的主要原因，反复出现在观察者们的记录当中。来自较小国家的制作人们常常把国际联合制作看作参与较大预算项目的机会（Paul Taylor，101）。鉴于本国市场较小，仅靠国内市场无法支持高额的大制作，当与别国共同分担制作费用、潜在市场的收益超过本国收益时，本国的制作公司可以追加更多投资。对于很多美国内外的小型播出公司来说，"国际联合制作也许是它们参与制作大规模非纪实节目的唯一途径"（Porter，7）。

尽管有很多较小的公司参与国际联合制作，以抵抗美国大型电影和电视节目的入侵，但即使是美国的大型媒体公司，现在也愿意通过与合作伙伴联合摄制来降低自身所面临的风险。这些大型公司，也可以与国内的公司合作，降低制作成本。对于国际联合制作的关注，体现了大型媒体公司对扩大海外业务的兴趣。国际联合制作确保了媒体产品在合作方国家的发行，但其裨益却不仅仅局限于发行。比如，国际联合制作让美国的大公司无须建立海外的分支机构，就可以轻松进入其他国家的市场（Paul Taylor，132）。

通过与欧洲公司合作，或者直接投资给已经成功申请联合制作的项目（在联合制作协议框架下），美国的制作人可以制作电视节目，其属性可以是"本国"或者"欧洲"，或者两者兼有，从而使媒介内容符合申请制作津贴或税收奖励的要求，亦可避开这些要求对美国媒介产品的数量限制（Hirsh）。例如，与澳大利亚联合制作节目，考虑了本土因素、取得了税收奖励，也获得了政府的资金支持（Cantanzariti，11）。通过参与联合制作协议框架下的节目制作，美国的大型媒体公司可以有效降低为制作"高水平"节目所带来的风险和投资数额。

除此之外，联合制作的节目融合了各个制作方对于本国市场的洞见，也使节目受益良多。"创意过程中的文化合作者"可以让制作人生产出销路更好的媒体产品（Hubka，2002，243）。不仅媒介内容会更加贴合不同观众群的兴趣，而且节目形式（时长、插播广告的时间等等）可以根据所处的市场和相关规定进行度身打造，比如，性与暴力画面（Hubka，2002，235-237）。这些联合制作的节目可以充分开发，以满足不同国家市场的需求，并且使之看起来更加"真实"。这样的过程，可以有效限制卡尔·霍斯金斯、斯图尔特·麦克菲迪恩和亚当·费恩（Adam Finn）所解释的媒介内容的文化价值折损——当文化产品离开其原有环境时，其价值会有所减损，因为身处不同文化的新观众无法完全理解或欣赏。一档电视节目，有了法国制作方的参与会显得更"法国"，比起没有法国制作方参与，该节目的文化价值折损相对较小。总之，如约翰·佛柔所解释，"在全球文化市场融合的特定条件下，任何完全真实的东西……可以轻松在出口市场上打开销路，这一点已经非常明确"（17）。

沙朗·斯特罗维尔（Sharon Strover）曾研究了《犯罪现场》（*Scene of the Crime*）这一电视节目，阐释了国际联合制作能够最大程度拥有合作伙伴所在国观众这一优势。该节目是由来自美国、加拿大和法国的公司联合制作的，制作人能从一家法国电视网获得每集约20万美金的收益。因为文化价值折损的存在，美国出口的剧集通常只能获得每集4万美金的收益。因为可以算作法国的本国节目来计费，而且电视网把该节目当作法国本土节目来播放，计算在播放本土节目的配额当中，制作人可以获得更可观的收益（Strover，114）。

国际联合制作不仅可以打入合作伙伴所在的市场，还可以轻而易举地进入第三国市场，无非是因为节目在制作时的定位本来就是多元文化观众。里奥·伊顿（Leo Eaton）在提及美国和日本的联合制作时说："我们之间的文化差异如此巨大，如果我们两方能够一起联合摄制，那么我们合拍的电影也许能吸引世界上任何地区的观众。"（10）

对于所有致力于扩展全球业务的联合制作人来说，美国也许是他们眼中最为重要的市场。不管是否有美国公司作为合作方参与其中（因为种种原因，美国公司参与其中这种令人满意的情况不常出现，下文将详细讨论），还是有许多公司希望通过联合制作生产出"国际化"节目，可以在庞大而有力的美国市场销售。其他国家与加拿大的联合制作就瞄准了美国市场（Dorland，16）。因为地缘和语言上的天然接近，常常有别国公司找到加拿大的制作公司，寻求与其合作，把加拿

20

大公司视作进入美国市场的通道（Hoskins and McFadyen，232）。

在国际联合制作领域，美国"一国分饰两角"，在其他国家眼中，加拿大也扮演着这样的角色。到这样的拍摄地取景、拍摄当地风光，以及让国际知名的男女演员参与演出，是国际联合制作的主要动因（Strover，112）。尽管如此，仅仅为上述的动因进行国际联合制作仍值得怀疑。[1]另一方面，获得有利的兑换利率或者更低廉的人力价格是国际联合制作协议的基础。

向国际合作伙伴学习，是国际联合制作的另一原因。比如，媒介生产者可以借此了解国际观众和他们的喜好，进而制作出行销海外的媒介产品（Strover，112）。不仅如此，当国际制作班底共同工作时，制作人们还可以进行技术上的交流和学习。"第三电影"的创始人之一奥克塔维奥·杰提诺（Octavio Getino）曾经褒奖参与国际联合制作的制作人，因为他们为电影人提供了学习的机会。他曾经谈起美国和阿根廷的联合制作："我认为，阿根廷与美国的联合制作是不错的。因为它可以帮助我们国家的电影团队进行一些技巧上的训练……电影摄制上的技巧训练。也有一些资金留在了我们阿根廷，当然最重要的还是学习经验。"（引自 Falicov，34）如前文所述，加拿大政府一马当先，第一个参与到国际联合制作协议中，至少有部分原因是为加拿大本国的电影制作人提供机会，与来自世界各地的制作人共同创作，同时学习如何运营本国的电影产业（Dorland，16）。

21　　阿根廷和加拿大的例子说明，参与国际联合制作的动机虽多，对文化的特别关注亦在其中。在这些例子中，联合制作的目的是为了提供知识，支持本国电影产业的发展，继而发展本国文化。不管结果是否如此，很多的电影制作人和政府官员的态度都非常认真。除了发展本国电影产业，消弭国家间差异隔阂、充当全球交流沟通的桥梁也是

---

[1] 尽管大卫·胡波卡（David Hubka）认为，争取特定电影人物是国际联合制作的主要动机（Hubka，2002，243）。

国际联合制作的重要功能。正如卡拉·约翰斯顿（Carla Johnston）在其著作《国际电视联合制作：从接近到成功》（*International Television Co-Production: From Access to Success*）中所写的："联合制作的合法化可以有效促进世界人民的相互理解，解放被压迫的人民，是传媒产业微观和宏观层面的经济基石。"（2）同样持赞扬态度的还有德国的媒体制作人雷吉纳·齐格勒（Regina Ziegler），国际联合制作的"更深层优势"，"就是在欧洲国家内部，本国文化将不复存在……以其原本的纯态形式"。齐格勒解释，当欧盟的一体化运动兴起之时，国际联合制作能孕育出相对应的欧洲文化（Ziegler，6）。

"全球文化霸权"——国际联合制作的缺点

很多观察者（尤其是学者）认为，国际联合制作所推广的全球文化或跨国文化并不是其优势，反而是其缺点。在关于国际联合制作优缺点的分析中，霍斯金斯和麦克菲迪恩发现，在行业刊物对于国际联合制作的报道中，最主要关注的是制作过程中"节目的文化完整性被破坏"（230）。在行业新闻报道中，这条缺点表现为对联合制作项目失去控制。霍斯金斯和麦克菲迪恩还发现了其他两个主要问题：上涨的管理费用和组织架构上的难题。

所以，当约翰斯顿（Johnston）和齐格勒（Ziegler）认为跨国媒体产品会对文化大有裨益时，其他很多学者和业界人士都对国际联合制作可能带来的文化伤害表示担忧。主要的顾虑就是国际联合制作引起的节目同质化，以及对美式媒体的模仿。为了制作风靡全球的商业化电影和电视节目，而不惜牺牲文化和本土内容，用《电子邮件和卫报》（*Electronic Mail and Guardian*）的话说，这种电影和电视节目，其实就是"多语种垃圾"（Worsdale）。许多学者从诸多层面指出了这一问题。

首先，本国媒体的处境令人担忧。国际联合制作的兴起，会使本国媒体冰消瓦解。多兰德以加拿大为例做了解释：20世纪70年代，加拿大政府过于看重国际联合制作，最终导致本土电影的经费萎缩(Dorland，16)。蓬达库(Pendakur)也支持这一说法：甚至到20世纪80年代末，加拿大公司"与美国的联合制作的电视剧先入为主……意味着源自加拿大本土的电影和电视节目更少了"(216)。最终，蓬达库得出结论：加拿大原本想利用国际联合制作的过程来建立本国媒体文化，但这一模式却不得其所，完全抛弃了当初的目的。

伊顿(Eaton)曾经与一些公共广播的制作人讨论国际联合制作这一话题，他说："优秀电影中的元素，是全球通用的。只是风格不同，以及我们选取的角度不一样而已。"(4)尽管伊顿强调了国际联合制作的美好前景（因为优秀媒介产品中的元素是"全球通用的"），但是他"本国形式和本土角度逐渐消失"的观点，也从侧面反映了其他批评者们对国际联合制作的影响表示担忧的原因。如内格莱恩(Negrine)和帕帕萨那索普洛斯(Papathanassopoulos)所记录的这样，"如果法国的电视节目迎合北美的口味、采取北美的制作价值观，那么这些节目就不再是'法国的'了"(101)。

本国的媒介内容逐渐被国际联合制作的节目抢去了风头，逐渐暗淡，本国媒介内容的替代品会是什么？学者们对此的研究和顾虑也日益增加。此类节目被称作"麦电视"、"欧洲布丁"[1]或者"欧洲残次品"，也表现出对此类节目毫无实质内容和艺术价值的控诉。以下是一位德国电视人对于"欧洲布丁"的典型描述：

> 我看了一部德国、意大利和法国共同制作的节目。有三小时这么长。一个德国女孩来到意大利，与一个意大利青年坠入爱河。但是，一个法国银行家的女儿出现了，她可比德国女孩更吸引人，

---

[1] 表示国际联合制作背景下生产的泛欧洲文化产品，实则是多语种又毫无营养。——译者注

最终意大利男子还是选择了法国银行家的女儿……这就是他们所说的"欧洲布丁"。这种剧情根本没有吸引力。想要吸引三国的观众，这样的剧情设置还是太牵强做作了。（引自 Jonhston，14）

在电影领域，"欧洲布丁"的突出例子就是 2001 年的电影《柯莱利上尉的曼陀林》（*Captain Corelli's Mandolin*）。影片由法国、英国和美国的制作公司共同拍摄，讲述了第二次世界大战期间，意大利军队驻扎在希腊时，意大利军官（美国演员尼古拉斯·凯奇饰）与希腊女子（佩内洛普·克鲁兹饰）的浪漫爱情故事。场景设置在希腊的一个小岛上，但电影中的主人公们都说着英语——带着不同口音的英语（比如英国口音、希腊口音、美国口音和意大利口音）。很多观众都注意到了这种"口音大杂烩"，在批评影片结构松散、不够严谨时，"口音大杂烩"也成了佐证。

这样的国际联合制作不仅缺少对于复杂议题的关注，同时也衍生出同质化问题——这些作品都受到好莱坞商业利益的驱使。从最基础的层面上说，来自世界各地的制作人一起工作，其缺陷就是他们最终都制作出相似的作品（Paul Taylor，153）。除此之外，节目中插播的广告时长以及节目本身的长短都可以后期调整，所以世界各地的播出系统可以共享节目资源（Strover，116）。更为重要的是，这些节目是为全球发行，尤其是为美国市场而制作的，为了利用美国媒体在国际市场所取得的成功，这些联合制作节目模仿了好莱坞的风格和内容。塔玛拉·法里科夫（Tamara Falicov）注意到，罗杰·科曼（Roger Corman）与阿根廷的合作方共同制作的电影当中，模仿（和利用）好莱坞大片的占了绝大多数（Falicov，33）。伯格菲尔德（Bergfelder）曾经着重强调："国际化与好莱坞的同质化、帝国主义政治紧紧地捆绑在一起，其目的就是全世界的文化同质化。"（2005，323-324） 24

比起文化，美学家们更关心的是艺术性，此类对于好莱坞媒体的模仿引发了他们对于媒介内容质量的担忧。斯特罗维尔（Strover）分析了国际联合制作与民族主义的关系，她写道："因为媒体产业对资本有强烈的需求，并且希望通过更新、更多的机会来获取资本，联合制作只是媒体产业对此类需求的响应，所以这些所谓的新作品毫无创新也并不奇怪。"（121）关于国际联合制作的批评之声不绝于耳，其中，最受非议的就是英国广播公司（BBC）。批评家们担心英国广播公司参与的联合制作，是为了从其他国家获取资金支持、开拓自己的发行市场，节目的质量则沦为牺牲品。

对于国际联合制作作品质量的疑问，亦引起了业内人士的担忧。虽然他们可能并不担心本国文化被蚕食和愈演愈烈的好莱坞类型片同质化问题，他们真正担忧的是国际联合制作的作品没有销路。托比·米勒（Toby Miller）等人解释说，制作人们"感到惶恐，因为要制作出'非欧洲布丁'的高质量作品，又要尽量减少国别差异，让欧洲所有观众都能够轻松理解，还要在片中融合多种语言、迎合多国观众、同时符合不同的制作标准"（92）。马克·贝茨（Mark Betz）对国际联合制作作品的糟糕名声发表了评论，他解释道："欧洲的联合制作陷入了程式化，节目制作好莱坞化、美国在经济和文化上的帝国主义在联合制作中表露无遗。"（18）此处的问题是，如果媒介内容不符合"好"的标准，那么便永无出头之日，既不会被发行，也不会有人收看。娱乐业律师奈杰尔·帕尔默（Nigel Palmer）曾经提醒，国际联合制作"当中最危险的，就是（很有）可能，这些由迥异元素混杂在一起组成的电影，在美国销售成功——也是衡量影片成功的关键——但是在除美国之外的地方却极难发行，无人问津"（5）。当然，国际联合制作的电视节目也面临着同样的问题，因为"欧洲布丁"的声誉也会影响节目潜在的发行能力。

对于美国市场的过分关注，体现出不同国家的公司，其权力亦非平等。对于台本的把握、创意人员的管理、后期制作等等，需要合作伙伴之间的协商和讨论。如果诉诸联合制作条款，各个合作伙伴的参与程度和分工，都会做出一定的说明。比如，一部有澳大利亚制作方

25

参与的作品，想要申请成为澳大利亚本国作品，就要符合一定的要求，例如剧本的来源，各制作方的投资比例，澳大利亚本国的工作人员、创意人员和制作团队也要达到一定的比例。如果没有合同对这些做出规定，那么这些细则就要各方共同协商。大部分的制作人员都表示，当美国的公司参与国际联合制作时，肯定是这些美国人主导了整个制作过程。一位法国制作人说："与美国的公司联合制作总会遇到这种身份问题……美国人完全确定了脚本。根本没有妥协的余地。"（引自Hoskins and McFayden，231）

法里科夫（Falicov）研究了罗杰·科曼（Roger Corman）与阿根廷公司的联合制作，在这项研究中，她阐释了当合作双方地位不平等时所产生的一系列问题。团队中的阿根廷籍设计师说："科曼派一些傲慢的年轻人来完成特效工作。他们与我们阿根廷团队合作得并不愉快，尽管我们中的很多人都说英语。他们只是在发号施令，也拒绝聆听我们的建议。"（引自Falicov，33）如法里科夫所述，在制作这些针对美国电影市场的合拍片时，美国团队从一开始就剥夺了阿根廷制作团队的权力，令他们失去对制作过程的控制权（Falicov，37）。加拿大的制作公司之所以受到很多欧洲制作方的欢迎，其中一个重要的原因就是：加拿大公司对北美市场同样敏感，却不像美国制作方一样霸占权力。

令人担忧的除了媒介内容的质量和联合制作过程的控制，还有重要的一方面，就是国际联合制作在组织架构和管理上与各国媒体行业现行规范的冲突，这也被认为是国际联合制作的另一个缺陷。资金来源、行业规范、插播广告的时长、节目风格和其他的各种因素，各国的差距都非常大，不仅引起混乱，也带来更大的费用支出（Eaton，7-10）。就连按照联合制作条款来分配工作都常常成为问题。例如，在一次加拿大－德国联合制作的过程中就出现了分工的问题，揭示了分工的复杂性。德国的制作方"在一家匈牙利公司的帮助下，负责美术、布景和画面呈现"。加拿大制作方完成"脚本、情节串连图板、设

26 计、艺术指导和后期制作"。设计和布景由两个公司分别完成，再由一家菲律宾公司完成数字化扫描（Hirsh）。这样的分工可能会引起误解和混乱，但可以肯定的是，如此分工会引发管理上的问题——如沟通（两家公司在不同的时区）、计费、组织和共同创意。尽管这些问题在联合制作的过程中算不上严重，也不会阻挡各个公司参与国际联合制作的步伐，但它们确实会影响这些文化产品，而这些文化产品又是整个制作过程的结果。

"利用复杂的诡计遍布全球"——国际联合制作的内容与文化

本书会探讨国际联合制作的优势和劣势，以及它们是如何共同作用，来影响所制作的电视节目。首先，这些章节共同展现了美国媒体——及其所倚重的公司资本主义——对电视节目产生的影响，而这些节目最终都是为了国际观众群体而设计的。在这里，我建议将一些涉及的主要问题进行案例研究。

当然，贯穿这些案例的主题之一就是本国文化的消亡，以及可疑的"全球"文化的传播。伯格菲尔德（Bergfelder）注意到，"随着国际演职员日益增多，国际联合制作利用复杂的诡计遍布全球，本土和文化身份认同的概念逐渐消散，或者已经沦为一纸空洞的老生常谈"（2000，150）。他更深入地解释了这一议题：国际联合制作呈现的其实是本土文化与全球文化的博弈，这场博弈关乎身份的建构、人们如何认识自己、如何看待自己所生活的世界。收看联合制作的节目，其实质是否是要求观众们接纳并且培养自己"世界性的无阶级身份，让他们生活在一个被旅游、休闲和生活方式消费主义完全便利化和商业化的世界上？"（Bergfelder，2000，150）这个问题已经被爱德华·赫曼（Edward Herman）和罗伯特·麦克切斯尼（Robert McChesney）着重

27 并清楚地解释过："全球化媒体的新闻和娱乐提供了信息环境和意识形态环境，可以继续维持商品化社会的政治、经济和道德基础，同时维

持以利益为导向的社会秩序。"（10）

我们还可以继续质疑，正如保罗·阿特纳（Paul Attallah）所提出的，电视媒介对于"本国文化的典型表达"是否是衡量媒介内容最有效的方式（180）。抑或，我们更应该质疑，国际联合制作是如何描述"理解文化的核心概念"的。所以，我们必须认真审视国际联合制作所推广的全球文化，以及这些联合制作作品是如何塑造文化环境的，因为观众们正是生活在文化环境中，他们依靠文化环境建构身份、理解自己身边的世界并思考他者。

当今的全球文化通常被视为北美文化或者西方文化（大部分是美国文化），而且严重同质化。塞拉·蒂尼奇（Serra Tinic）写道，国际联合制作"旨在统一电视内容，成为一种普遍主义的形式"（175）。从体裁的层面来看，国际联合制作作品的叙事结构也在效仿美国。节目的形式、节奏和内容都反映出制片方希冀在美国发行的渴望。当然，毫无疑问的是，国际观众的品位和需求，也影响了美国媒体。早在20世纪60年代，古拜克就意识到，"美国电影业和任何一个欧洲国家电影业所建立的联系，正屈服于那些'混血电影'——它们既不是典型的美国电影，也不是欧洲任何一个国家的电影"（176-178）。斯特罗威尔从欧洲的一些相关规定中，审视欧洲对于美国节目的需求：这些规定涉及性与暴力、对播出季集数更少的偏好、演员阵容中包括国际明星、选择闻名遐迩的拍摄场景，以及一个"持中立立场、能够同时吸引美国观众和欧洲观众"的故事（Strover，119）。

通过审视这些国际联合制作中的细节，我们可以更好地理解此类电视节目是如何通过具体的方式来反映文化全球化，并对文化全球化施加影响的。只有通过研究联合制作的电视节目细节，我们才能理解电视全球化、民族认同和文化商业化之间的关系。

比如，语言的选择，就是在联合制作过程中一个讨论的焦点。人们通常相信（下一章我们会探询具体原因），具有全球发行潜力的节目——当然也是唯一能在美国发行的节目——就是使用英语的节目

（Farhi & Rosenfeld）。这样的结果就是促进了英语的广泛使用，甚至在联合制作时，没有一方是英语国家，作品也要使用英语，这也体现出全球文化的转向。斯特罗威尔还解释了联合制作的主题问题——主题的选择是为了满足不同观众的需求。1926年，国际联盟的国际电影大会关注的是知识上的合作，推崇的做法是避免制作那些可能会"引起国家间仇恨"的内容，同时避免贬低其他的国家和种族（Kristin Thompson, 115）。所以，即便是20世纪20年代的"电影欧洲"运动，也体现了国际联合制作要影响内容的想法。如今的联合制作，关注的是动作片、旅行和历史，并且极力避免政治议题和争议话题，此举当然向我们揭示了全球观众的喜好，也把"想象中有趣的事情"呈现在我们面前。当然，这些"非争议"主题呈现和再现的方式也告诉我们，中立立场是全球文化的基石。

随后的每个章节，各自对应国际联合制作的一种具体形式。这些章节会从历史角度和理论角度，介绍国际联合制作的产业模式对电视媒介内容所施加的影响。除此之外，每章都会分析两个案例，用于阐释和补充国际联合制作与电视媒介内容的关系。重要的是，本书中选到的节目都曾在美国播出过，也可以用家庭录影带来观看。

第一章介绍的是历史虚构题材，探讨国际联合制作是如何向国际观众呈现历史的。这一章主要研究了一些概念是如何在作品中再现的，例如空间和地点，民族主义、地方主义和全球主义，以及历史剧集中家庭所扮演的角色。最终，这一章探询了历史是如何被重新想象并搬上银幕，以满足世界各地观众的需求，同时亦支持了全球化资本主义的结构。第一章中的案例阐释了国际联合制作对民族主义的消解，而第二章聚焦的是民族主义如何被建构，以满足特定的产业目标。在这一章，A&E有线电视为了建构自己所期望的品牌形象而制作的"英伦风格"节目，是我们关注的焦点——A&E有线电视如何利用国际联合制作，并使用特别的制作技巧，来创作独特的英式电视节目。此举既宣传了A&E的品牌，也吸引了数量众多的不同目标观众。第三章的焦点从 A & E "蜚声内外"的英伦节目转移到国际联合制作最流行的形式之一——儿童节目。本章旨在研究此类由多国公司为国际观众制作的节目是如何教授儿童社群的功能、儿童在社群中的角色以及未来儿童将在社群中扮演的角色。第四章探讨的是电视纪录片，以及国际联合制作为了迎合国际市场，对电视节目内容所做出的改变。关注的并不是这些"国际"纪录片的内容，而是分析这些内容出现的证据。通过审视国际联合制作的纪录片所传播的知识类型，揭示了国际联合制作过程如何支持现代性，以及在背后支持现代性的意识形态结构。最后的结论部分会综述前面四章的内容，探讨这些分析的整体意义。

1969 年，古拜克对国际联合制作视域下理解媒介的复杂性的总结，也许是最好的：

> 已经完成的联合制作作品，反映的是国际化的表达方式，而本土的语言习惯不复存在。联合制作背后的经济命令强化了作品的社会与艺术功能……但是，这会导致作品在技术上华而不实，作品之间的差异化明显降低——就好像一堆商业化的白面包，毫无分别。

把国际联合制作的电视节目比作"商业化的白面包"是否公允，我们将在后续的几章当中，给出更加细致入微的解释。此外，如果这种类比是公平的，对于电视产业来说，意味着什么？对于从众多联合制作节目中选择自己"文化食谱"的国际观众来说，又意味着什么？本书希望呈现国际联合制作的趣味性——包括其风格、叙事、主题和意识形态。最后，公司资本主义也通过复杂而深刻的方式不断前行，并对联合制作的节目施加着影响。

30

第一章

无国界历史：全球虚构

20世纪80—90年代，国际联合制作在美国电视节目中的比重逐渐增加，电视节目制作者向拥有丰富国际联合制作经验的电影制片人学习了不少知识。国际联合制作影片取得成功的因素——类型、叙事方式、明星参演和地点选择，也被应用于电视节目中。尽管这些在电影产业中"亲测有效"的国际元素让参与国际联合制作的电视制作人受益匪浅，但是，在历史上，质量低劣的"欧洲布丁"与国际联合制作影片联系紧密，"欧洲布丁"的糟糕名声还是波及了媒体制作人。

1990年，《视与听》（*Sight and Sound*）杂志刊载了威廉·费舍尔（William Fisher）提供的"欧洲布丁"配方：

> 故事发生在欧盟内的两到三个国家……尤其是历史题材更值得推荐。（注意不要偏向任何一个国家的立场，也不要选择会触动欧盟任何一个国家敏感神经的题材）……再选择来自这些国家的编剧和导演，然后温和地向本国的电视台寻求投资……再从参与国选择演员和技术人员，注意要数量适当……最终的结果是：两个多小时由利益驱使的"荧屏娱乐"，缺少个性化的形式或趣味。（224）

尽管此书反对国际联合制作"缺少个性化的形式或趣味"，费舍尔精确指出了"成功的"国际联合制作的几个重要因素，比如，使用国际化的演职员和团队，引进国内外电影和电视公司的资金，并关注历史题材。考虑到当今历史发展在总体上呈民族主义趋势，靠历史题材来吸引国际观众的做法多少有些令人惊讶。不过，人们认为历史题材利用"已预售产品"来吸引观众。毕竟，很多历史"故事"都是常识。不仅如此，选择历史场景可以离开现时此地的叙事，媒体制作人不必再对当下的社会和文化品头论足。通过场面调度的诸多元素，例如建筑、场景和服饰，历史题材的叙事可以创造出具有异域风情的跨文化环境。毫无疑问的是，吸引国际观众的渴求，决定了历史题材的选择，以及这些历史场景的再现手法。

本章会探讨国际联合制作的虚构叙事，着重分析历史是如何被改编成荧幕上的一个个故事，以及历史是如何再现的。在这一章中，我们将会对非常流行的两部国际联合制作作品案例进行着重分析：2001年的迷你剧集《奥德赛》（*The Odyssey*）和 1992—1996 年播放的每集时长一小时的动作剧集《高地人》（*Highlander: The Series*）。它们展现了国际联合制作影响美国电视的具体方式，提供了审视当今全球化话语的途径，正是这些全球化的话语帮助我们形成了对世界的认识。

全球爱历史

国际制作方的参与和刺激计划的激励促使制片人选择国际化的拍摄场景，并聘请国际化的制作团队和明星阵容，这些都让美国制片人拥有了制作出行销海外、受国际观众欢迎的优秀电视节目的潜力。尽管在 20 世纪 90 年代，"全球流行"一词已经成了制片人口中的"行话"，反复见于行业刊物上，但是，促成或者创造这种流行的因素却依然是个未知数。正如我们在引言部分分析的那样，国际联合制作推广的是跨国媒体产品，所针对的并不只是制作方的市场，同时力求在其他的市场发行，因为这些媒介产品并不只是为单独的一个市场而制作的。[1] 人们希望，联合制作作品的国际化本质可以吸引到约翰·辛克莱

---

[1] 已有许多文献记录证实，例如加拿大常常被视为美国市场的"门户"（Acheson and Maule，407）。

尔（John Sinclair）等人所说的"把关人"，即那些在电视台和电视网购买节目和安排节目表的人。"全球流行"为节目增加了声誉或魅力，成为宣传的资本，制作人认为这样可以吸引美国的观众。此外，选择海外场景和国际化演职员，可以使联合制作节目从满满当当的节目表中脱颖而出。

通过使用国际化的演职员和制作团队，选择国际化的拍摄场景，国际联合制作有望帮助影片拥有"国际流行"的实力。有很多明星参与国际联合制作，例如克里斯托弗·普卢默（Christopher Plummer）、伊莎贝拉·罗塞里尼（Isabella Rossellini）、香农·特维德（Shannon Tweed）、格列塔·斯卡奇（Greta Scacchi）、特德·丹森（Ted Danson）、杰拉尔·德帕迪约（Gerard Depardieu）和博纳黛特·皮特斯（Bernadette Peters）。这些演员的参与既让作品具有国际化的包容性（虽然通常是二流演员），也使自己为国际观众所熟知。除此之外，国际联合制作频频选择国际化的海外场景来拍摄，不仅是因为劳动力成本低廉和税收优惠，还可以借此吸引国际观众的目光。所以，国际联合制作叙述国际旅行的情节、主人公来自不同的国家和地区，这样的作品颇受观众欢迎。并且，国际联合制作的作品还要易于翻译。通过使用简单的故事情节、选择观众熟知的内容（文学、历史，或者是流行文化的其他形式），国际联合制作作品可以轻松跨越国界，吸引不同观众。除了历史剧，动作—冒险类节目也切合要求——对白有限，给视觉特效留足了时间。

国际联合制作不仅征服了国际观众，也吸引了国际媒体的把关人——因为国际联合制作中既没有对当下时局的讨论，也避免了任何政治议题的出现。正如前文提到的，选择历史题材来制作节目，是制作人规避当下争议话题、避免把"坏家伙"与任何潜在观众联系起来的方式。重现一个家喻户晓的历史时刻，是选择历史题材的一种方式；把历史当作故事发生的背景，在此基础上讲述新的虚构故事，是选择历史题材的另一种方式。上述的两种做法，都依靠历史，把与故事本身相关的判断和批评（比如剧中反派人物的国籍）与现在的观众分开。例如，在以第二次世界大战为背景的故事中，刻画了一名德国国籍的反派，不会引起现在的德国观众的反感。同样，批评生活在维多利亚时期的英国角色的道德观念，也不会让当下的英国社会愤愤不平。所以，对历史的利用，其实是为了避免激怒潜在的观众群体。另外，以历史作为背景也为故事平添了一些异国气息。许多观众可能对巴黎非常熟悉，因此他们会从背景设定在大革命时期的巴黎的故事中感受到"别样的"风情。最后，依靠观众熟知的历史故事，历史情境能为观众营造熟悉的氛围。比如，如果把故事背景设定在当下的俄罗斯，身在巴西的观众可能并不熟悉，也并不感兴趣；但是，苏联革命时期的历史已经为观众所熟知，把故事设定在这个背景下，既可以吸引观众，也可以阐明剧中角色的动机。可以肯定的是，这些"历史"作品通常与历史的"真相"大相径庭，讲述故事要依靠虚构和流行文化。这些所谓的"历史作品"与历史的联系，以及试图建构的现实的幻象，其实是为了把自己包装成"历史"，以"寓教于乐"来吸引观众。

35

　　当然，国际联合制作选择的不只有历史剧这一个门类。在电影产业中，动作冒险电影、科幻电影和魔幻电影是国际联合制作的大热门，即使在电视领域，这些题材也是国际联合制作人们的不二之选。动作冒险片并没有太多对话或者叙述说明，所以极易被国际观众接受；而科幻和魔幻题材常常依靠特效，与历史题材一样，它们也把主人公与当代的政治和社会议题剥离开来。我们将会看到，会有越来越多的国际联合制作人把这些元素融合在一起——历史、动作冒险、科幻或魔幻——最大限度地挖掘电视节目的潜力，吸引更多的国际观众。

　　对一些制作公司来说，拍摄这样以历史为背景，又融合科幻、魔幻和动作元素的节目，费用极高，这并不奇怪。正如本书引言部分所述，国际联合制作让小型制作公司有机会参与到高成本、高质量的节目制作当中。节目的制作费用与其声誉和制作水准愈发紧密地联系在一起，所以，高成本的国际联合制作也被寄予厚望，希冀能展示出良好的声誉和制作水准。另一个衡量电视节目"质量"的标志就是节目的风格。好莱坞最重要的成就之一，就是把自己的风格标榜为"最佳"风格。国际联合制作常常模仿好莱坞的作品，以接近好莱坞的质量水平。

国际联合制作与好莱坞结合最简单也是最有趣的方式，就是直接使用好莱坞的语言——英语。使用英语，不仅是语言选择上的偏好，也是使节目与美国媒体市场建立联系的方法。以下我们会详细解释国际联合制作选择英语对于产业和文化的意义。

36 英语：主导语言

2004 年，智利开播了一档名为《英语开启世界之门》的节目。该节目的长期目标是在一代人的时间内，让智利本国的 1500 万人熟练掌握英语。此档节目的文化影响引发了不少担忧。一位批评家说："我们对此非常担心，因为这个节目把经济霸权转变成了文化霸权。智利应该融入世界，而不是融入美国。"（Rohter，A4）但同时，节目的导演表示，智利所说的英语并不是"与莎士比亚的英语竞争……我们会说智利式英语，因为重要的是听懂英语，而且能把英语当作工具，为我们所用"（引自 Rohter，A4）。

关于智利英语节目的讨论集中体现了对英语为语言的媒介产品的不同解读。一些支持者认为，掌握英语可以提供经济上的契机，亦可开启繁荣之路。但是，反对者却顾虑重重，认为接受了英语，就是接受了美国的文化和价值观，如商业资本主义、经济利益高于文化和道德诉求。双方都把本土语言与本土文化联系起来，本土文化又是由本国的文化产业所创造，而英语又与全球文化、娱乐产业的商业目的息息相关。双方争论的焦点在于，着力推广全球英语文化，而忽视本土文化的做法，究竟大有裨益还是有害无利。支持者们认为，使用英语来立足国际市场，不仅能带来经济利益，也是跨文化传播的良策，可以分享文化或者"融合本土文化和异国文化，创造全新的文化产品"（Diana Taylor 引自 Mahan）。而争论的另一方认为，使用英语会造成文化同质化，瓦解本国、本土的文化和价值观。[1]虽然双方各自的论点都包含了一定程度的真相，但最重要的是如何看待英语在国际市场中的作用。正如塞尔玛·桑塔格（Selma Sonntag）所述："植根于语言中的，其实是地位与身份认同，以及基于效率和机会计算出的冰冷数字。全球使用英语的博弈，其实是经济全球化和文化全球化的博弈。"（1）

37

电影和电视节目想要在全球市场上获得良好表现，选择英语为语言已成为必备条件之一。而此类媒介产品的成功暴露出一个循环论证：以英语为语言的作品之所以流行，正因为英语是欧洲各国最通用的第二语言；而这种局面的形成，至少部分是由于英语常常出现在媒体作品中。

当然，让英语风行全球的并不单单是流行文化。在其他学者的著述中，这一问题已经被详细地讨论过：英语的广泛使用与19世纪英国强大的殖民主义力量密不可分，而在此后的20世纪，美国在全球军事、政治和文化上又处于主导地位（Sonntag，4；Crystal，53；de Swaan，52）。不仅如此，信息技术的兴起和发展（例如互联网）都是在美国，为了满足传播上的需要，对于英语的倚重程度也愈发提高（Crystal，11）。[2]而在欧盟内部的管理中，尽管欧盟支持20多种官方语言，而且法国政府极力倡导欧美官员多使用法语，英语还是成了主导

---

[1] 这个观点本身就受到质疑，因为其假设英语并非母语的人使用英语，使用者自然而然会被裹挟到商业文化之中。但文化研究学者已经证明，文化并非如此简单，米哈伊尔·巴赫京（Mikhail Bakhtin）强调，语言的使用是复杂的、多方面的。虽然英语非母语的英语使用者并非因为英语霸权而学习英语，但是欧洲作品中使用英语还是引起了不少担忧。

[2] 随着时间推移，英语逐渐在欧洲积累了一定声望（尤其是在年轻人中间），并且成了"超中心"语言，不同国家的人在技术、科学、商业和政治领域都用英语交流（de Swann，52）。

语言。[1]

面对全球普及的英语，法国始终持抗拒态度，这也体现出语言与文化的联系。[2]不仅是在法国，在很多国家，本国或官方语言一直都与维系本国身份认同息息相关，以抵抗日益严重的文化同质化。亚伯拉姆·德·斯瓦安（Abram de Swaan）曾解释过这个问题：那些赞成捍卫本土语言的论点，常常从保护语言本身转移到更大的命题——"本土的文化实践和文化作品一定会消失殆尽，除非承载这些实践和作品的语言能够继续被人们使用和理解"（42）。而从保护主义角度出发所制定的措施，例如津贴和税收奖励，无疑是把英语及其"载体"——美国，视为本国文化的竞争对手。在商界领袖、官僚和政客的评论中，明显已经把英语与美国文化视为一体。比如，欧洲现代语言中心主任就注意到，英语在欧洲的广泛使用是"国际化的部分体现，从另一方面说，也部分体现出美国在全球占据主导地位"（引自 Bita，T06）。把英语与美国联系在一起的理由已经非常明晰。不仅因为美国在军事和经济上力量超群，玛德琳·罗安（Madelaine Drohan）和阿兰·弗里曼（Alan Freeman）曾经解释："好莱坞和美国流行文化的影响也十分巨大。T 恤衫、饶舌音乐、广告和音乐录影带使用的都是英语。美国文化是一种出口产业，从深入全球的能力来看，美国的文化产业出口已经超过了航空业出口。"（D1）

使用英语的媒体作品与美国之间的联系看似已被接受，但在 20 世纪 90 年代，这种联系却越来越受到质疑。虽然在欧洲播放最多的英语

---

[1]　例如，法国政府在 2004 年向即将加入欧盟的 10 个国家的高级文凭持有者提供法国文化快速入门课程，课程包括法语，也有法国艺术、美食和美酒（Willsher，31）。

[2]　众所周知，法国政府极力保护并推广法语。1992 年，法语被定为法国的官方语言。相关法律也已通过，以保证法语地位：广播中法国音乐不少于 40%，电视的法语节目不少于总时长的 40%。最有争议的是 1994 年政府通过的《都蓬法》（Toubon Law），要求法语必须应用在六个不同领域：教育、商业、媒体、公共服务、重要会议和工作场所。有些规定其实是违反宪法的，但大部分规定还是保留下来。

电影和电视节目曾经（当然现在也是）由好莱坞的工作室制作（也有部分来自英国），但国际联合制作的出现，让越来越多的欧洲、拉丁美洲和亚洲的公司参与到这些节目的制作中。这些节目通常都是依据非英语国家与英语国家（美国、加拿大或者英国）之间签订的联合制作协议来完成的。例如，1997年美国、德国、意大利和希腊合拍的迷你剧集《奥德赛》（*The Odyssey*）；1994年英国、意大利和法国合拍的电视电影《烽火岁月》（*Fall From Grace*）；1991年加拿大与法国合拍的《夜间飞行》（*Fly By Night*）以及1990—1993年播放的加拿大与法国合拍的《反恐精英》（*Counterstrike*）全都使用英语，而这些剧集大部分的投资来源于非英语国家。一些欧洲的制作公司甚至没有英语为母语的合作方，开始独立制作英语节目。到1998年，法国高蒙（Gaumont）已经制作了《第五元素》（*The Fifth Element*），并且开始拍摄《圣女贞德》（*The Messenger*，1999年上映）、《我自己》（*Me, Myself, I*，1999年上映）以及《巴黎春梦》（*Vatel*，2000年上映）（Williams，34）。意大利和法国的制作公司也开展了联合制作——1990—1991年播出的一季《希曼的新冒险》（*The New Adventures of He-Man*）；德国、意大利、非洲和丹麦的公司联合制作了2001年上映的电视迷你剧《钻石猎人》（*Diamond Hunters*）。最明显的问题就是，为什么制作公司愿意拍摄一部在本国还需要配音或者打字幕的作品？为什么这些制作公司要放弃制作"本国产品"，也意味着放弃了获得政府津贴的可能性？答案和问题一样直白：钱。在结束本部分的讨论之前，我们必须要弄清为什么英语作品可以赚到更多的钱，这样我们才能完全理解这一现象的文化影响。

说着英语的国际联合制作在非英语国家中盛行的原因并不难理解。为了拥有更多的国际观众，制作人纷纷选择英语为作品的语言。业内人士也都相信，通常情况下，具有全球发行潜力的节目，以及可能会在美国发行的节目，一定是英文节目（Fahri and Rosenfeld，A1）。英语常常与美国制作、"高质量的"美国媒体产品联系在一起，也给人以大制作的印象，纵观全球，这已经是衡量商业电影和电视节目的国际标准。一位参与整合国际联合制作交易的纽约投资银行家曾评论道："美国的天才之处就是让自己的作品在每一个海外市场，都能成为第二受欢迎的节目。"（引自 Briller，72）

非英语国家的英语媒体产品与美国媒体产品之间的联系，体现的不仅是"使用英语拍摄"这么简单。前文中已经提到过，想要在国际市场中拥有一席之地，制作人们还要模仿好莱坞作品的风格。选择风情万种的演员、高光调、美国式的节目形式和种类、快节奏的动作都显示出好莱坞审美的影响。但是，国际联合制作的过程也从各个层面——外在包装、故事情节和意识形态——避免了彻底的美国化。因为国际联合制作的节目力求吸引全球观众，也融合了各个制作公司的创意，所以联合制作的节目不会是好莱坞的翻版。此外，正如我们之前提到的，国际联合制作的叙事，常常在故事情节中加入旅行元素和国际演员，以满足各个合作方的需要。最后，这些节目必须传达自己的"信息"，这些"信息"不仅来自好莱坞和西方意识形态，也融合了推动国际联合制作的全球化力量。

40 全球观众的意识形态

如前文所阐释，为了让电视节目在国际市场更受欢迎，节目的叙事方式无疑会受到影响。不仅如此，电视节目所传达的"信息"也受到了这一决定的影响。尽管我并不打算用严格的结构主义方法分析电视节目，但我还是想指出国际联合制作的非纪实节目的共性——利用节目，向全球观众有意或无意地传达特定的意识形态信息或意义。这些作品中展现的主题和意识形态体现了国际联合制作作品在描述历史时的共性。

众多国际联合制作电视节目（也包括其他为国际观众制作的节目）主要有三个共同点：第一，描述空间和地点的方式；第二，社群或家庭是世界的核心意义；最后，对国际主义、民族主义和本土主义的再现，是国际联合制作的共同基础。这几个相互依存的共同点将在下文的案例分析中予以详述。

空间与地点的不同之处在很多学科的著述中都有详尽研究，例如地理学、哲学、全球化和后现代主义。尽管各种定义众说纷纭，但对于空间和地点的用法基本是一致的。通常情况下，空间指代的是三维世界——被各种物体或人类群体占据的物理空间。而另一方面，对于地点的定义要更加个人化一些。正如巴利·布朗（Barry Brown）解释的这样，地点是"一个特别的地理位置（一个空间，如果你愿意），与经过这里的人们有意义上的联系"。所以，空间是抽象和客观的，地点是本土化和具体的——与人有关、与人共鸣的空间。国际联合制作的叙事倾向于把剧情设定在不同的空间（不管是真的存在，还是仅仅出现在虚拟世界中）。这些地点只是单纯地为叙事中的人物而存在，而人物也必须从这些地点中经过。同时，主要人物，尤其是英雄人物，常 41常把自己的身份认同与所在地联系在一起，即他们所在的社群。英雄的个性和目标（因为通常是一位男性英雄）来自于他生长的地点，因为正是这些地点给他提供了价值体系，决定了他的人生道路或者追求的目标。空间和地点，并非没有关联。在国际化的叙事当中，两者时常被联系在一起——人们利用空间上的运动，为所在的地点带来回报和安逸。

回到自己所在的地点，常常是英雄之旅的终极目标。此处的地点是指家园或者社群，正是家庭或社群造就了英雄，激励着英雄的行动。在节目中，这些家园和社群常常被理想化，被刻画成异性恋、以家庭为中心，社群的建立是以种族或者宗教为根基，社群更排外，而不是包容。而原本存在于国内电视节目中的种族、阶级和性别冲突，在国际联合制作中却难觅踪影。根据安德鲁·科尔比（Andrew Kirby）的理论，"地点"的概念不仅包括社群，还包括局域性——依靠政治、种族、阶级和性别纷争来定义人们所处的地点（324）。所以，被赋予个人意义的地点并非没有冲突。面对全球观众的节目常常对这些冲突避之不及；但是，当不同意见确确实实出现时，足迹遍布全球的英雄通常能够轻松解决。

这些本土社群在许多方面都为 20 世纪末愈演愈烈的原教旨主义运动，或者本杰明·巴伯（Benjamin Barber）口中的所谓"圣战"打下了基础，本土社群与诸多社会主流力量一道，鼓励人们在文化全球化大肆扩张之时，从族群中找到自己的身份认同（Barber，171）。由此可见，本土的重要性与全球化的扩张密不可分。这些节目传达的是：只有穿越空间——游历全球——英雄才能欣赏自己的家园，才能称得上是家园和社群中的一分子，才能真正看重自己所在的地点。这些节目告诉我们，通过空间上的游历，拥抱世界的全球性，人们可以更好地欣赏自己所在的世界一隅。

42　　　与全球游历和本土社群一样，国家也频频现身于国际联合制作的节目中，虽然常常是以未来世界国家或历史上的国家的形式出现的。但是，在全球化与本土社群的良性关系中，却难觅民族主义的踪影。相反，民族主义成了一种阻碍，必须要灵活变通才能为自己的所在地争得利益。对历史的间接再现，通常展现出作为社会单位的国家是如何记录自身、理解自己在全球所处的位置。[1] 例如罗伯特·伯格因（Robert Burgoyne）就曾研究美国在 20 世纪 90 年代拍摄的历史题材电影（这些电影包容了多种差异），主要是民族和种族的差异，以建构反叙事，用来支撑并扩展这一概念——美国是一个包容、进步的国家。诸如《女医生》（*Dr. Quinn, Medicine Woman*）和《我将高飞》（*I'll Fly Away*）等电视节目试图用同样的方式，重塑美国历史。正如一个国家的电影或者电视节目可以关注或创造该国的历史，国际联合制作

---

[1]　例如罗伯特·伯格因（Robert Burgoyne）的《电影国度》（*Film Nation*），薇薇安·索布切克（Vivian Sobchack）的《历史的坚持》（*The Persistence of History*）和罗伯特·罗森斯通（Robert Rosenstone）的《昔日镜像》（*Visions of the Past*）。

的作品可以同时服务于多个国家，以不同方式来铭记历史。

民族主义也常常被跨国企业视作拦路猛虎。E.J. 霍布斯鲍姆（E.J. Hobsbawm）写道："自第二次世界大战结束后，尤其是 20 世纪 60 年代之后，由国际分工带来的经济变革浪潮中，'国民经济'的地位被严重削弱，甚至饱受质疑，而国际分工的基本单位就是跨国或多国企业。"（181）民族主义的负面形象不仅促使国际电视节目忽略本国群体（可能会疏远来自其他国家的观众），还有效地限制了民族主义概念，正是民族主义阻碍了跨国资本的价值观和经济趋势。所以，在奉行多民族主义的节目当中，民族主义被刻画成了威胁，也就不足为奇了。这些不同力量代表的是对历史的再现，试图促进各种文化的共通之处，同时淡化彼此之间的分歧；一些节目的理念是，我们生活的星球理所应当是一个地球村，分为不同的村庄、部落和其他本土组织，但这种想法却遭到民族主义的口诛笔伐；有些节目并不拘泥于历史，而是放眼未来——拥有国际化社群和全球化想法的未来。所以，这些国际联合制作节目的核心常常是对全球化的适度赞美（虽然这些节目并不回避全球化过程中的艰辛与缺陷），让英雄既有全球胸怀，亦不乏支持自己的本土精神——英雄正是从这两者中获得内心的平静，也只有兼顾两者，才能欣赏平静，并且无愧于这份平静。

本章的余下部分将会探讨两个具体的国际联合制作案例，这两个电视节目都展示出国际联合制作的特性：一个是迷你剧集，另一个是每集时长一小时的动作片。这两种形式在国际联合制作领域都非常流行。在整个电视产业看到联合制作剧集的曙光之前，迷你剧集一直都是国际联合制作人的最佳选择之一。而在普通剧集方面，每集时长一小时的动作片已被证实是最具潜力的国际联合制作项目。这些例子将具体说明国际联合制作，尤其是那些历史题材的国际联合制作，是如何再现全球游历、阐释空间与地点的价值观以及描摹国际、本国和本地社群的，又是如何潜移默化地影响观众对自己所在世界和社群的理解。

穿越空间与地点的冒险

尽管迷你剧集常常被当作一个"类型"来研究，但其实用"形式"一词会更加精确，因为迷你剧集的类型多种多样（幻想片、情节片等等）——虽然迷你，但是和现代的大制作电影一样，都包含了不同的类型。从本质上讲，任何一个持续播出一段时间的电视节目，都可以算在迷你剧集的范畴——但是有一个明显的限制——播出天数。[1] 在美国电视领域，故事情节基本都是从这一集发展到下一集。所以，正如玛格丽特·蒙哥马利（Margaret Montgomeire）所指出的，迷你剧集的提法更为精确。通常，迷你剧集都改编自经典又流行的书籍。此外，与其他电视形式一样，迷你剧集也关注家庭。纵观整个产业，各种黄金时间的原创节目中，迷你剧集是制作费用最高的，这也是迷你剧集常常被电视台作为特殊"事件"节目来宣传的原因（Dempsy，45）。迷你剧集在美国的兴起，主要归功于三部作品：1969 年在全国教育电视网（NET，美国公共电视网的前身）播出的《福尔赛世家》（*The Forsyte Saga*），由英国广播公司和米高梅公司共同制作，口碑颇佳（下一章我们会具体分析）；美国广播公司在 1967—1977 年根据小说改编的迷你剧集《富人，穷人》（*Rich Man, Poor Man*）；当然，还有取得巨大成功的迷你剧集《根》（*Roots*），由美国广播公司制作，1977年播出。这三部作品奠定了 20 世纪 70 年代迷你剧集的基本形式——

---

[1]　一些近期的电视剧质量可与迷你剧比肩。例如，《城市守护者第三梯队》（*Third Watch*）和《英雄》（*Heroes*）就是用故事串联起整季。另外，其他节目，例如《纽约重案组：第一季》（*NYPD Blue*）的集数较少，和迷你剧差不多。但是，在这些例子里，尽管故事线索和整季已经结束，但是剧集和人物还会在下周或下一季出现（直到剧集被砍）。而在迷你剧中，只要剧集播放完毕，人物和故事也不再继续。（尽管有个别迷你剧有续集，也是观众在剧集开头时预料不到的。）不仅如此，有些在海外播放的周播剧（例如《解密高手》和《主要嫌疑犯》）曾在美国播出，但是是以特别节目的形式播出。在这种情况下，观众知道人物是会再出现的，只是不知人物何时回归或者需要多久。

集中于改编、家庭生活和传奇故事。

这些迷你剧集的基础，后来逐渐衍生出不同的发展脉络。最受行业关注的主要有两类：一类是大制作、好口碑的改编型迷你剧集，通常改编自文学作品或者史诗故事；另外一类是成本低廉的小制作，"从新闻头条上扯下来的"迷你剧集，内容也大多是疾病、著名的庭审案件、灾难等等。在 20 世纪 80 年代后期，大制作的迷你剧集数量开始减少。[1]美国的各大电视网都感受到了有线电视的强烈冲击，高成本的迷你剧集，已经成了电视网的负担。也正是在那时，约翰·考德威尔（John Caldwell）认为迷你剧集充分地展现出他所谓的"适合在电视上播出"的特性，对处在困局中的电视网有特别的帮助。

考德威尔（Caldwell）认为，"适合在电视上播出"是作品所具备的一种特性，基于 20 世纪 80 年代美国电视形成，植根于特定的产业、经济、社会和文化条件。他解释了兴起于 20 世纪 80 年代并一直持续到 90 年代初的一系列电视节目，例如《北国风云》（*Northern Exposure*）、《三十而立》（*Thirtysomething*）和《双峰》（*Twin Peaks*），都是爱出风头、自我宣传和夸张的典型，播放这些迷你剧集的电视网体验了与以往不同的风格，也给电视观众带来了全新的体验（3-30）。考德威尔认为，在各大电视网当时的战略中，迷你剧集是举足轻重的组成部分，因为迷你剧集可以给电视网带来美誉。迷你剧集曾经是，当然过去也一直都是电视节目中的"事件"，通过风格、内容和推广手段，使得电视网摆脱了"令人麻木的体验"，带给观众不一样的视听享受（Caldwell，162-163）。从风格角度看，迷你剧集和其他在电视上播出的节目一样，都有些夸张：太过宏大的场面调度、异国的取景地点以及不同寻常的时长，至少从某种程度上讲，已经使形式和风格凌驾于故事之上。考德威尔研究了 1988 年的迷你剧集《战争与回忆》

45

---

[1] 迷你剧式微的原因包括迷你剧观众的减少（电视产业总体下滑），迷你剧剩余价值无几，以及制作迷你剧的高额费用（Forkan，4）。

（*War and Remembrance*），关注了该剧夸张的风格和形式，并注意到长达20分钟的开场，反复出现的片头让观众在时间和空间中快速切换，而且突出强调赫尔曼·沃克（Herman Wouk）是本剧集的作者（170-172）。考德威尔认为，迷你剧集体裁和形式的所有特点，都突出反映了"虚构"这一本质，让观众在观看迷你剧集时意识到，这些故事都是为了电视荧屏所创造出来的，不必太过沉溺于虚构的剧情（176）。迷你剧集这种夸张的风格，也造就了对于时间和空间的特定表现方式。例如在迷你剧集《战争与回忆》中，时间被延展开来，这样的手法也见于许多剧集，表现的是一个特定时刻对于某一群体的影响。对于这种历史特定时间点入木三分的刻画，使得迷你剧集更具力量和重要性。电视迷你剧集的拍摄常常由多个国家参与其中，拍摄地点也多种多样。把剧情设定在多个地点和场景，充分利用当地场景制作，赋予了迷你剧集更广阔的视野和全球性（Caldwell，187）。按照他所说的，这样的做法让角色"全球化"了。尽管如此，我还要再补充一点——虽然迷你剧集中的角色都已把世界作为自己的舞台，但是他们依然与自己的祖国密不可分。考德威尔尾注中引用的大部分（如果不是全部）迷你剧集，例如《南北战争乱世情》（*The North and the South*，美国广播公司，1985）、《彼得大帝》（*Peter the Great*，全国广播公司，1986）以及《战争与回忆》（美国广播公司，1988），都带有强烈的民族主义色彩。

如考德威尔所言，20世纪90年代的电视网每况愈下，大量电视剧的制作被取消（292）。观众和广告商转投有线电视，导致电视网境况萧条。传统电视网利用高成本迷你剧集来维持良好口碑，却使得资金上更加捉襟见肘（Caldwell，292）。[1] 哥伦比亚广播公司的总裁兼首席执行官莱斯利·穆维斯（Leslie Moonves）1998年曾表示："从前，

---

[1] 业内新闻也报道了《战争与回忆》在1988—1989年的低收视率，这也是20世纪90年代迷你剧数量减少的原因之一（Brodie，1）。

制作迷你剧集的原因之一就是声誉……但是你不能只为了声誉，而不追求其他东西。你也需要实实在在的利润。"（引自 Sterngold）根据行业报告，面对高成本的历史和改编类迷你剧集，电视网严格控制投资，转而支持"时髦的"动作冒险奇幻剧（Guider，1）。

　　随着对国际市场的关注与日俱增，迷你剧集这一形式也得以重振雄风。虽然传统电视网对迷你剧集的兴趣锐减，但是国际电视公司，例如意大利人西尔维奥·贝卢斯科尼（Silvio Berlusconi）麾下的公司，就开始投身迷你剧集的联合制作，并计划在海外播出（Jennifer Clark，22）。早在 1993 年，就有行业报道注意到这一点：有线电视和欧洲市场的巨大潜力，正在帮助迷你剧集"复兴"（Brodie，1）。欧洲的电视私有化步伐不断加快，为美国制作方的迷你剧集提供了新的市场；而且，制作方也意识到，这些节目应该更好地满足海外观众的需求。贺曼（Hallmark）娱乐集团主席和迷你剧集制作人罗伯特·哈尔米（Robert Halmi）曾表示，20 世纪 90 年代后期"一度在国际市场叱咤风云的美国本土主题电影风光不再，外国买家的兴趣大不如前"（Fabrikant，D1）。观众对于内容提出了新的要求——减少美国视角，增加国际化主题和价值观——不管这种主题和价值观是什么。与此同时，新的市场开始形成，尽管保护"本国文化"和"本国产业"的相关法律限制了配额和机遇。除了为市场设置壁垒，一些国家的配额制度也促使本国媒体公司蓬勃发展，其电视作品亦开始于美国进口片分庭抗礼。

　　为了让作品"在国际市场具备吸引力"，同时成为合作伙伴国的本土媒介产品，从而规避进口片配额的法律限制，美国的一些制作人开始与国际合作伙伴联合制作节目。正如在引言中提到的，国际合作伙伴可以在融资上提供帮助，还可以确保作品能够在伙伴国的市场发行，也为提高作品在海外受欢迎度提供了颇具洞察力的创意。上述这些原因理所当然地吸引了迷你剧集的制作人。迷你剧集不仅制作成本高，而且在美国的二级市场销路非常有限：联卖 [1] 的情况极少发生，重播亦不多见（Dempsey, 45）。不仅如此，因为迷你剧集在海外更受欢迎，对于想减轻电视网财政负担，甚至希冀能赚到更多钱的制作人来说，迷你剧集市场大有可为。实际上，时长四小时的迷你剧集和电视电影一直被认为是国际联合制作的理想形式，因为连续剧这一形式能否在全球流行尚未得到验证（Guider, 1）。

在海外市场，迷你剧集总体上是较受欢迎的，这也促使大量的制作人开始寻找带有国际风情的题材。那些只反映美国文化和美国国内话题的节目，不仅难以受到国际合作方和把关人的青睐，国际观众也可能不会喜欢。《媒体周刊》（*Media Week*）就曾报道："从新闻头条上扯下来的"迷你剧集数量骤减，而带有更多科幻虚构元素的剧集在全球都受到追捧。这些剧集的信条是"越大越好"（Sharkey, 1998, 9）。但是，迷你剧集的功能不再像过去一样，只是简单地填满节目时间表，而是有更多的制作方愿意投入巨资积极参与，国际电视公司也愿意花大价钱购买这些剧集。正如其他国际制作人一样，迷你剧集制作人也面临着同样的冲突——是应该展现一个全球化的世界（不选定特定国家），还是应该从本土化的层面来吸引观众。国际化的迷你剧集再现的正是全球—本土的联系与冲突。

正如我们在前文所讨论的，国际联合制作的迷你剧集也是在时间与空间中游历，但是角度有所不同。这些迷你剧集通常时间跨度较大，只关注少数几个人物，而这些人物的足迹遍布世界各地 [例如《格列佛游记》（*Gulliver's Travels*）、《阿拉伯剑士》（*Arabian Knights*）、《梅林传奇》（*Merlin*）和《诺亚方舟》（*Noah's Ark*）]。如我们前文所述，这些地理位置，对于英雄来个人来说并无特殊意义。这些空间位置是英雄的必经之路，虽然过程十分艰难，只为了寻找到或者得到他在世界中的"地点"。正是基于对抽象和客观空间的依赖，迷

---

[1] 独立电视台不经过传统电视网，直接向制作公司采购迷你剧集播放权。——译者注

你剧集才得以呈现和推广诸多的外国地点。迷你剧集主人公游历的众多空间位置，带给观众的感觉更像是一种游记，是一种抽象的感觉，对英雄本人或者观众来说没有特别意义（除非这些游历是为了让英雄找到回家的路），这样也避免了太过关注一个特定国家或者赋予某一国家特定意义，不会激怒国际观众，也不会引起观众的厌烦情绪。在迷你剧集《奥德赛》（*The Odyssey*）中，这一点展现得淋漓尽致。

在众多迷你剧集中，《奥德赛》是一个绝佳的例子，让我们审视迷你剧集对全球化主义、民族主义和本土主义的再现方式。《奥德赛》并非开迷你剧集之先河，亦非这种形式的"最佳作品"，但却是最为典型的：改编自家喻户晓的史诗故事，能够适应国际观众的品味。《奥德赛》从很多方面展现了电视制作的趋势，并且展示出此类迷你剧集是如何从制作方式上和内容上调整自身来适应国际观众的——这些观众还认为自己深深植根于所属的社群。这部迷你剧集分上下两部分，时长四小时，改编自荷马史诗中的情节，1997 年第一次在美国的全国广播公司（NBC）播出。贺曼娱乐公司主席罗伯特·哈尔米（Robert Halmi）与弗朗西斯·福特·科波拉（Francis Ford Coppola）共同担任本片监制。虽然贺曼公司与科波拉的美国西洋镜公司是涉足迷你剧集最为频繁的两家公司，但是本片也得到了来自不同国家的公司的资金支持——意大利的 Mediaset，德国的 Betafilm、Kirchgroup 和 ProSieben，以及希腊的 Skai TV。很明显，《奥德赛》毫无疑问会在国际市场发行，哈尔米也不会忽略这一点；在该剧的制作人中，哈尔米举足轻重，在概念化的过程中影响最大。此外，贺曼公司作为跨国媒体集团，已经在美国之外拥有不少有线电视和卫星电视频道，不断增加的频道数量让贺曼公司对"能够风靡全球的大制作"更有兴趣（Hoffman，18）。

综上所述，《奥德赛》由众多国际制作方联合制作并不稀奇。该剧不菲的花费也确实需要国际联合制作。根据当时的行业新闻，《奥德赛》的制作费用在 3200 万—4000 万美元之间。[1] 在当时，它确实是有史以来最贵的电视剧了（Mason，12）。《奥德赛》剧组有 300 人（Mason，12），拍摄时间长达 90 天（当时大部分电视电影的制作周期是一个月）（Bickley，TV3），后期制作也花费了 90 天（Liner，6），发行人反应迅速，把《奥德赛》宣传为一部波澜壮阔、独一无二的重要剧作。事实上，在美国，《奥德赛》本身的国际性就已明显成为最大的噱头，这也是关于《奥德赛》的文章以及与主创人员的访谈都在强调的。

　　作为一部国际联合制作的迷你剧，《奥德赛》从诸多方面彰显了国际化的特征。首先，该剧是在多个地点拍摄的——外景部分拍摄于土耳其和马耳他，室内场景则是在英国取景——而故事情节的突出核心就是游历。而《奥德赛》在宣传时也常常提及在土耳其和马耳他的外景地，让观众体会到了异域风情；而因土耳其和马耳他与希腊在地缘上的接近，也使观众对所谓的逼真深信不疑。大部分观众都注意到，《奥德赛》中美丽的地中海风情，都是以移动拍摄和长镜头的方式呈现的。例如，《落基山新闻报》（*Denver Rocky Mountain News*）对此的描述是"惊艳的风景"（Saunders）。《媒介周刊》（*Media Week*）的一位记者是更发出这样的感叹："还有比《奥德赛》更好的希腊旅游度假广告吗？"（Grossberger，30）

　　《奥德赛》不仅在拍摄场景上做到了国际化，演职员也来自不同的国家［阿曼德·阿山特（Armand Assante）、伊莎贝拉·罗西里尼（Isabella Rossellini）、格列塔·斯卡奇（Greta Scacchi）、艾琳·帕帕斯（Irene Pappas）、伯纳德塔·彼特斯（Bernadette Peters）和瓦妮莎·威廉姆斯（Vanessa Williams）］，他们的口音各不相同。　本剧导演安德烈·康查洛夫斯基（Andrei Konchalovsky）也是编剧之一，尽管他已

---

[1] 3200 万美元也许更接近真实的预算数字，因为贺曼娱乐公司的首席执行官（哈尔米的儿子）曾经解释道，自己的父亲喜欢在媒体面前夸大制作预算数额（Bellafonte，83）。

经在好莱坞生活了将近20个年头，但俄罗斯背景还是让他拥有了"国际"风情。就连贺曼娱乐公司主席罗伯特·哈尔米（Robert Halmi）的传奇故事，也成了本片宣传的噱头——他曾经是反抗纳粹的自由斗士，抵制苏联渗透的间谍。[1]哈尔米在纽约、肯尼亚和西班牙都有寓所，并坐拥一艘地中海游艇，他并不想再拍摄旧式的好莱坞电影，而是想制作更好的、更国际化的"反好莱坞"电影。（Sharkey，1996，25）正如《媒体周刊》（*Media Week*）所提到的，"哈尔米长期居于纽约、欧洲和非洲，这基本决定了公司无法在好莱坞追根溯源。"（Sharkey，1996，25）哈尔米国际化的生活方式不仅影响了《奥德赛》的宣传方式，也影响了拍摄过程。哈尔米之所以愿意在马耳他这样的地方取景，很有可能是因为他身在异国的舒适感。此外，相比那些只在美国生活的制作人，哈尔米当然对国际观众的需求更加敏感。

50

改编《奥德赛》的决定及其改编方式，都反映出迷你剧集在国际市场中的角色——全球知名的经典名著文本的电视化呈现（而且版权归属大众，没有知识产权纠纷，更加方便），这可不是巧合。不仅如此，与其他很多国际电视节目一样，《奥德赛》聚焦的是冒险旅程。在片中有很多场景，例如奥德修斯遭遇斯库拉[2]和卡律布狄斯[3]时，基本没有什么对话，也省去了翻译的麻烦。另外，《奥德赛》是想象中的历史，与现代社会的任何压力和顾虑都毫无关系。

尽管《奥德赛》的历史设定避开了现代社会民族主义的种种偏见，但是，《荷马史诗》的电视版还是从意识形态的角度反映出全球化主

---

[1]　根据对哈尔米的报道，哈尔米生于匈牙利，是反纳粹的自由斗士，最终在波兰被捕。他被判处死刑但被苏联释放。随后他成了一名间谍，效力于美国的战略事务办公室，后来又被苏联抓获，再次被判处死刑。哈尔米设法逃到了美国。丽莎·古伯尼克（Lisa Gubernick）和弗莱明·米克斯（Fleming Meeks）曾质疑这个故事："我们怎么才能知道这个故事的真假？我们根本无从知晓。我们可以相信哈尔米的话，但是当我们和一位自称'典型的匈牙利狗屁艺术家'的风云人物交流时，这并不是个好主意。"（64）

[2]　女海妖，在墨西拿海峡的一侧，专门吞吃水手。——译者注

[3]　女海妖，在墨西拿海峡的另一侧，形成巨大的漩涡吞噬船只。——译者注

义、民族主义、本土主义，以及空间和地点的意义。片中虽然没有描写现代社会存在的国家，但还是体现了民族主义。在其他国际联合制作的作品中，从对个体的影响这一角度，民族主义常常被刻画成令人悲伤又十分危险的力量。但是，在《奥德赛》中，奥德修斯完全是因为民族主义才前往特洛伊。奥德修斯并非战争的信徒，他前往战场，完全是因为自己许下的誓死保卫希腊的誓言。正如奥德修斯的声音回荡着："我被迫离开自己的家园，不知能不能再见到我的妻子和孩子。"除此之外，电视剧版的《奥德赛》还包括了《伊利亚特》的部分情节，并描述了历时 10 年的特洛伊战争。我们再次发现了民族主义的可怕之处——双方陷入恶战，却不知为何而战。在这个版本的《奥德赛》中，奥德修斯的形象也更富有同情心，当他看到战争屠戮生灵时，我们能够感觉到他对于逝者的悲伤和怜悯，这些人牺牲得不明不白（并非为民族主义而死）。

尽管民族主义被视作牺牲和绝望的原因，但全球主义带来的比民族主义更多。奥德修斯从特洛伊开始了自己的全球冒险之旅。他游历了诸多地区，见到了形形色色的人。奥德修斯穿梭于各个空间；在一座岛上，他遭遇了独眼巨人；在另一座岛上，他遇到了风神埃俄罗斯（由迈克尔·J.波拉德饰演，带着浓重的纽约口音）。他在喀耳刻的岛上与她共度了一段时间（与喀耳刻做爱，却一直梦见自己的妻子珀涅罗珀），在斯库拉和卡律布狄斯之间航行。[1] 虽然这些位置对他个人并无特别意义，但他还是从旅程中学到了不少东西。奥德修斯在旅程中所汲取的智慧，是该剧的一条暗线。当奥德修斯到冥界去见特瑞西阿斯时，这位先知告诫他："你的眼睛只盯着自己的家，对其他东西视而不见，根本没发现，旅程本身才是你生命的一部分。你只有明白了这一点，才能知晓智慧的意义。"奥德修斯傲慢地答复了先知，认为自己可

---

[1] 迷你剧电视版并没有包含荷马在《奥德赛》中描述的奥德修斯的所有冒险经历，它更像是安·霍吉思（Ann Hodges）所说的"《奥德赛》冒险精选"（3）。

以凭一己之力寻找到智慧——正是这样的态度触怒了众神，众神一定要让奥德修斯认识到全球力量的重要性。通过游历世界各地——穿梭在诸多空间——奥德修斯终于重返家园伊萨卡，与妻儿团聚，获得了内心的平静。

本土的重要性——主要表现为故乡和家庭——贯穿于《奥德赛》始终。故乡和家庭是安全感的来源——这一点在该剧的宣传和剧评中都有突出体现。正如一位观众所言，"因为心中的爱历久弥坚，《奥德赛》展现的是永恒的承诺。历经 20 年的风雨之后，没有任何地方可以与家媲美。"（Grahnke，49）哈尔米形容《奥德赛》是一部"让你找到应该坚守的东西"的作品（Gritten，3）。而阿曼德·阿山特（Armand Assante）总结的《奥德赛》是"真正重要的就是你的家，以及你建立的生活"（Liner，6）。

在迷你剧集《奥德赛》中，家园和社群（地点）是安全感和幸福感的来源，为了再现这一点，该剧使用了诸多技巧。例如，迷你剧集在改编时重新安排了叙事顺序，所以剧本不再是回忆式的叙事，也把戏剧冲突集中在奥德修斯能否顺利重返家园这一点上。改编后的剧本从忒勒玛科斯的出生开始。奥德修斯把孩子向着天空高高举起，这一幕借鉴了 1977 年的迷你剧集《根》（Roots），但是奥德修斯没有告诉孩子苍穹的无垠与伟大，而是将土地给了他。奥德修斯问忒勒玛科斯是否见到了伊萨卡："你的国，你看到它有多美了吗？"很明显，奥德修斯非常重视自己的土地和家园，重视的程度极高，以至于认定自己房子里最亲密的部分就是家园的一部分。剧集中不断出现的意象是一棵树，奥德修斯和珀涅罗珀围着这棵树建起了自己的卧室。树矗立在房间的正中央，象征着二人共同创造的生命，以及对彼此的爱意。当奥德修斯与喀耳刻同床共枕时，梦境中出现的是珀涅罗珀绕树奔跑的场景，暗示的不仅是他对珀涅罗珀的爱情，也是对故土伊萨卡的情义。不仅如此，奥德修斯游历的场景与珀涅罗珀在伊萨卡的场景交替出现。奥德修斯因为"自己不需要神明"的想法而受到了波塞冬的惩罚，伊

图 1.1

《奥德赛》中，格列塔·斯卡奇、杰拉丁·卓别林和阿曼德·阿山特正
在为奥德修斯和珀涅罗珀的孩子出生做准备。（照片由 Photofest 提供）

萨卡出现在波塞冬的诅咒中。波塞冬说："你将再也无法接近伊萨卡的
海岸……你会受到惩罚的。"对奥德修斯来说，这种惩罚就是远离家庭
和故乡——也就是他所在的地点。家庭和故乡意味着安全感、归属感
以及心灵的平静，这是奥德修斯以及其他很多人长久地活在世上的
原因。

当奥德修斯最终返回伊萨卡并吃到家乡的饭时，他的眼中饱含泪
水，但是，这只是故事的一部分。这种理想化和怀旧式的故乡、家庭
53 和地点的形象，当然掩盖了本剧中一些显而易见的问题（当然，这些
在被选中进行改编原始的文本中就存在）。例如，在整部剧集中，女人
被牢牢地与所在地点捆绑在一起——在一些情况下，她们根本没有离
开的能力，这一点非常值得我们注意。喀耳刻（博纳黛特·皮特斯饰）
和卡吕普索（瓦妮莎·威廉姆斯饰）都用她们的土地来诱惑和困住奥
德修斯，但是她们自己却从未提到过离开自己的所在地。而珀涅罗珀
则是最明显的一位囚徒——自己土地上的囚徒，她苦苦地等待奥德修
斯归来，而那些追求者们试图让她忘记自己长期失踪的丈夫，实际上，

她是被这些追求者们画地为牢了。奥德修斯在提到珀涅罗珀时也说，她是被"困在这宫殿中"。所以，男人们可以旅行游历，而女人却只能徘徊在原地。尽管这些地方被理想化，被刻画成世界上最好、最值得留恋的地方，但是那些无法离开的女人们想法是否与男人一致，还是让人存疑。但是这个问题，并不是在《奥德赛》中提出的，因为剧中的家园是理想化的，是一个和谐的社群。而本剧还暗示了另一点，即那些不用被迫离开家园的人是非常幸运的，因为他们无须离乡背井游遍世界就可以拥有自己的一席之地。当然，女人们只能被迫接受自己的地位而又不容置疑。很明显，女人们都已经明白"哪里都比不上家里"，对于离开"自己所在之地"才能寻找到的知识和力量，既无兴趣，也无欲望。国际联合制作，在表达对于"地点"的兴趣的同时，也继续灌输着这种对于群体中的不同角色的主流化甚至压迫性的想法，有的时候，国际联合制作直接采用了带有这种想法的剧本。

谁想长生不老:《高地人》

随着迷你剧集的不断发展，国际联合制作的剧集数量也逐渐增加，这与电视产业在20世纪80年代和90年代的发展是分不开的。有线电视和卫星电视不仅凭借自身实力与传统电视网展开竞争，让观众更容易收看到独立制作的电视台节目，还进一步削弱了传统电视网的势力。这些独立电视台，在很多的地方被纳入到特高频（UHF）频道，其实是很难接入的，有时图像质量也很差，但是在有线电视的系统内，它们和其他频道可以公平竞争——至少在接入方便性和信号质量上可以平起平坐。所以，传统电视网的地位更加岌岌可危——有线电视和卫星频道精准的窄播效果，以及独立播出机构的受欢迎程度不断提升，都威胁到了传统电视网。正如前文所讨论的，竞争不断升级的同时，电视产业其他方面的压力也促进了"适应电视播出的形式"持续走俏。但与此同时，电视制作费用不断攀升，一些节目的制作费用高得令人咋舌。

54

在这样的环境之下，电视网开始对国际联合制作产生兴趣，尤其是在 20 世纪 90 年代早期电视制作费用激增之时。哥伦比亚广播公司是最积极投身于国际联合制作的电视网。从 1991—1993 年期间，哥伦比亚广播公司尝试播出国际联合制作的作品，满足"黄金时间之后就是犯罪时间"的策略。这些国际联合制作的节目，被安排在深夜脱口秀《今夜秀》（The Tonight Show）之前播出。当时正值帕特·萨加克（Pat Sajak）的节目被取消，由大卫·莱特曼（David Letterman）接档之前的时间段。周一至周五的每个晚上，哥伦比亚广播公司曾播放不同的动作冒险节目，包括《黑暗的公正》（Dark Justice）、《豪门疑案》（Silk Stalkings）、《永远的游侠》（Forever Knight）、《夜间飞行》（Fly By Night）、《犯罪现场》（Scene of the Crime）和《大汗淋漓》（Sweating Bullets）。《大汗淋漓》（最初由加拿大和墨西哥合拍，后来由加拿大和以色列合拍）、《永远的游侠》（加拿大和法国合拍）以及《夜间飞行》（加拿大和法国合拍）都是国际联合制作的作品。另外，在 1992 年，一批哥伦比亚广播公司（CBS）的高层飞赴欧洲，拜访未来的合作伙伴，这其中就包括后来成为哥伦比亚广播公司主席的杰夫·塞根斯基（Jeff Sagansky）。他表达了自己的期望：在不久的将来，电视网的黄金时间将播出国际联合制作的电视节目（Jennifer Clark，22）。美国广播公司（ABC）的工作人员在讨论国际联合制作节目在本台的播出潜力时，曾经简要地解释了这样做的原因："汽车追逐的场面可是负担不起了。"（Harrison，60）在 1992 年，米高梅公司（MGM）和 Reteitalia 公司（贝卢斯科尼的传媒公司，后更名为 Mediaset）共同为哥伦比亚广播公司制作了一个试播节目——时长两小时的动作冒险片，该片讲述了一位美国女性在欧洲打击恐怖分子的故事。在整个计划中，Reteitalia 负责该片在欧洲的发行，米高梅公司负责在拉美和亚洲的发行（Freeman，1992，33）。但是，并没有证据表明，哥伦比亚广播公司选择了此片，而且也无法证明，如果没有哥伦比亚广播公司的支持，该片就无法拍摄。

尽管电视网对国际联合制作电视剧很有兴趣，而且哥伦比亚广播公司也在边缘时段播放了一些国际联合制作的节目，但是电视网真正关注的还是国际联合制作的特别节目，例如迷你剧集。与此同时，有线电视和很多独立电视台却急需节目来填补播出时间，于是将目光转向了独立制片人，他们通过参与国际联合制作，帮助有线电视和独立电视台获得片源。独立电视台在首轮联卖中，选择的国际联合制作节目包括：美国与新西兰合拍的《大力士的传奇旅行》(*Hercules: The Legendary Journeys*)、《战士公主西娜》(*Xena: Warrior Princess*)、美国与加拿大合拍的《功夫：续写传奇》(*Kung Fu: The Legend Continues*) 以及加拿大与英国合拍的《儒勒·凡尔纳的秘密冒险》(*The Secret Adventures of Jules Verne*)。在各国新兴的有线电视台中，美国的有线电视台格外热衷播出国际联合制作的剧集，尤其是在 20 世纪 90 年代中期至末期，有线电视台依靠播出原创剧集来提高知名度（下一章我们会详细解释这种策略）。诸如加拿大与法国合拍的《反恐精英》(*Counterstrike*)、美国与加拿大合拍的《特科尖兵》(*TekWar*) 以及加拿大、法国、美国三国合拍的《尼基塔女郎》(*La Femme Nikita*) 都曾在美国的有线电视台播出。

虽然这些节目都于动作冒险类，但是许多剧集也包含了历史元素——尤其是被独立电视台选中的那些。时长一小时的剧集在全世界都"销路不错"，用通俗的常识就可以轻松解释。喜剧节目太过依赖文化背景，走出原本的国家，文化价值就大打折扣。拍摄出能够在全世界范围受欢迎的喜剧节目，着实是一项里程碑式的任务。喜剧，以及后来大受欢迎的真人秀类节目，可以更好地适应节目形式——也就是套用固定的节目形式，不同的市场可以填充自己本土的才艺和语言。[1]

---

[1] 尽管许多节目也属于国际联合制作（原始节目的制作人参与其中，多多少少能控制其他的"复制版"），但是这和我们此处讨论的不太一样，因为每个版本都是为本土观众设计的，并不是为了全球发行。

剧情类节目，尤其是动作冒险类和历史类节目，具有行销全球的潜力。当然，这也要符合特定的条件。举个例子，尽管在20世纪80—90年代，一批"高质量剧集"为了满足美国电视市场应运而生，但是国际联合制作并不在此列。高质量剧集，例如《山街蓝调》(*Hill Street Blues*)、《纽约重案组》(*NYPD Blue*)和《北国风云》(*Northern Exposure*)，都是由编剧主导的作品，关注对白和人物的发展。而另一方面，国际联合制作的剧集，关注的是动作和拍摄风格。之所以如此，是因为那些带有大段对白的剧集翻译起来太过困难，原作的文化背景在翻译时也带来不小的障碍。罗伯特·汤普森(Robert Thompson)在研究20世纪80—90年代的高质量剧集时，把它们称为"本国化剧集"(17)。相对而言，国际联合制作剧集，亦即"全球化剧集"，还是常常表现出考德威尔(Caldwell)提出的在那时颇为流行的夸张风格，亦具备"适合在电视上播出"这一特性（前文我们已经讨论过），但是这些节目的夸张风格和特性，都是靠特效、高概念画面、音乐和流行元素传达出来的。对于喜爱高质量本国剧集的观众来说，国际联合制作的节目毫无吸引力，它们真正的受众是那些寻求消遣和娱乐的观众。

到了20世纪90年代末期，国际联合制作的剧集数量开始减少。独立电视台逐渐消失，它们找到了新的出路：被新兴的电视网并购，并最终成为电视网的附属电视台（1986年，福克斯成立；1995年，UPN电视台与华纳娱乐合并），致使电视台的首轮联卖需求不复从前。UPN电视台与华纳娱乐的合并，标志了独立制作人的式微，正是他们曾经承担着制作国际合拍节目的重担。1995年，美国联邦通信委员会(Federal Communications Commission)废除了《辛迪加财务法》(Financial Interest and Syndication Rules)。《辛迪加财务法》曾经明文规定，电视网不得自行制作黄金时间段播出的非纪实节目。该项法律的废除，使得电视网可以自行制作节目，也掀起了并购的浪潮——电视网与制作公司的兼并（例如美国广播公司与迪士尼公司、维亚康姆与哥伦比亚广播公司以及随后的美国全国广播公司与环球公司；20世纪福克斯公司旗下的福克斯广播公司、时代华纳旗下的华纳兄弟娱乐公司和维亚康姆旗下的 UPN 都是垂直整合的结果）。在大张旗鼓的兼并之后，电视网不仅与电视制作公司联系紧密，同时拥有了多家有线电视台。FX 有线电视网（隶属于美国福克斯广播公司）、USA 有线电视网（隶属于美国全国广播公司和环球公司）和 ABC 家庭有线电视网（隶属于美国广播公司和迪士尼公司），对于独立节目的需求减少，因为这些有线电视台现在可以从自己的"姐妹电视网"获取脱离电视网联卖的热播节目。独立制作人，包括那些专注于国际联合制作的制作人，都因为《辛迪加财务法》的废除，独立制作节目风光不再而倍受打击。

虽然国际联合制作的剧集数量在美国电视上有所减少（也许有一个例外，就是套用联合制作形式的节目），但是 20 世纪 90 年代初期至中期，这类节目的前景颇佳。其中最成功的剧集当属《高地人》(*Highlander: The Series*)，它引起了众多电视制作人和电视台所有者的关注。该剧融合了奇幻、历史和动作冒险元素，是国际联合制作剧情片中最受欢迎、知名度最高的剧集之一。

《高地人》电视剧版的创意，据说来自戴维斯—潘策尔制作公司 (Davis/Panzer Productions)，他们也是电影版《高地人》的版权所有者。因为《高地人》系列电影在欧洲取得了巨大的成功（比在美国还要成功），所以具备成为国际流行节目的潜力。彼得·戴维斯（Peter Davis）和比尔·潘策尔（Bill Panzer）之前从未有过制作电视剧的经历，他们联系了新成立的法国高蒙电视——高蒙集团旗下的公司 (Sherwood，S30)。《高地人》电视剧版的最初制作预算平均下来大约是每集 110 万美元，由来自五个国家的公司共同承担：本剧的制作方高蒙公司和法国电视 1 台（TF1），投资额占总投资的 25%；30% 的投资来自德国的私人电视台 RTL-Plus；意大利的广播电视巨头 Reteitalia 投资 15%；瑞舍尔娱乐公司（Rysher Entertainment）负责剧集在美国市场的发行，出资 25%；剩下的 5% 则来自日本的二级分销商 Amuse Video 公司。1992 年，《高地人》电视剧在美国进行首轮联卖时，市场占有率达到了 93%，该剧也成为首部"在美国播出、大量制作资金却来自海外"的电视剧。虽然制作人戴维斯和潘策尔常驻美国，并且大量参与了剧集的制作，但是从技术上讲，《高地人》其实是一部法国电视剧，为了获得法国—加拿大合拍条款的优惠，半季是在加拿大拍摄，另外半季是在法国拍摄（这也是剧中人物中途迁徙到法国的原因）。

关于电视剧《高地人》，被问及最多的核心问题就是：为什么法国高蒙这样一家国际知名的制作公司，愿意投资制作一部说着英语的美式节目？高蒙公司是全球历史最悠久的电影公司之一，1895 年，它靠生产电影放映机起家。第二年，高蒙公司开始制作电影，以便卖出更多的放映机。通过在英国和美国设立分公司，高蒙迅速进入了国际市场。20 世纪初，高蒙在法国的影院就已开张纳客。但是好景不长，第一次世界大战让高蒙遭受重挫，大部分市场份额都被美国公司抢走。尽管在 1935 年曾经宣告过破产，第二次世界大战期间也问题重重，但是在公司主席和最大股东尼古拉斯·赛杜（Nicholas Seydoux）的领导之下，高蒙公司还是很成功的（Cohen，175）。高蒙曾经是（当然现在也是）一家巨型媒体集团，旗下业务多种多样，在法国拥有主流院线，同时在多个国家（如瑞士、比利时和美国）也有自己的影院。高蒙公司不仅制作电影，也拍摄多媒体节目，行销国内和海外。多年来，高蒙的电视制作业务断断续续，但还是在 1992 年成立了分公司——高蒙电视公司。[1] 正如我们所见到的，在 20 世纪 90 年代，高蒙公司快速扩张，垂直整合，成了跨国媒体巨擘。与此同时，高蒙公司对待国际市场的观念亦发生了重大的变化。

高蒙国际公司成立于 20 世纪 60 年代，当尼古拉斯·赛杜在 70 年代末当上公司主席后，力求把高蒙国际打造成国际市场中强有力的竞

---

[1] 1999 年，高蒙放弃了高蒙电视业务。这笔业务的出售，对于高蒙的国际战略有何意义？作为一个跨国巨头，这笔业务对其自身的成长发展有何用途？这都值得我们思考。

争者。尼古拉斯·赛杜在意大利、巴西和美国都开设了分支机构，负责制作和发行业务（Garcon，79）。这些公司面向国际观众，为国际化导演制作和发行国际化影片。高蒙专注于欧洲艺术电影，以此当作自己的利基市场，逐步开始全球扩张。在20世纪70年代末到80年代初，高蒙为费德里科·费里尼（Federico Fellini）、英格玛·博格曼（Ingmar Bergman）、安杰伊·瓦伊达（Andrzej Wajda）、安德烈·塔可夫斯基（Andrei Tarkovsky）、约瑟夫·洛塞（Joseph Losey）、佛朗哥·泽菲雷里（Franco Zeffirelli）和汉斯－尤尔根·西尔贝尔格（Hans-Jürgen Syberberg）制作并发行电影[1]（Garcon，80）。1983年，《纽约时报》曾报道："在美国，高蒙选择了'文化途径'来开拓市场。在多次试验失败之后，高蒙终于发现美国人是不会去电影院看欧洲的家庭娱乐电影的。高蒙现在的想法是推广欧洲导演的艺术电影，针对更小众、更精细的市场。"（Lief，13）这些导演与本国文化密不可分，但还是妥协于国际艺术电影的文化潮流，他们的声誉可以为电影的长期票房保驾护航。

　　但是，到20世纪80年代中期，高蒙公司在意大利、巴西和美国的项目却因亏损而难以为继，高蒙不得不把重心移回法国本土市场（Garson，86-87）。根据当时的报道，欧洲的高质量艺术电影无法吸引美国大众，这让高蒙公司非常担心；直到80年代末期，高蒙才重新角逐国际市场。但是这一次，高蒙的竞争手段非常特别。他们没有选择那些导演个人色彩浓重的电影，转而依靠吕克·贝松1994年的作品《这个杀手不太冷》（*The Professional*）重新进入了美国市场，该片讲

---

[1] 高蒙制作了费里尼1980年的《女人城》（*City of Women*）和1984年的《船续前行》（*And the Ship Sails On*）；博格曼1982年的《芬妮与亚历山大》（*Fanny and Alexander*）；瓦伊达1982年的《丹东》（*Danton*）和1983年的《德国之爱》（*Love in Germany*）；罗西1979年的《唐·乔万尼》（*Don Giavonni*）；以及西尔贝尔格1982年的《帕西法尔》（*Parsifal*）。高蒙还发行了泽菲雷里1982年的《茶花女》（*La Traviata*）。

述的是杀手与女孤儿的故事；而吕克·贝松 1997 年的作品《第五元素》
（*The Fifth Element*）由布鲁斯·威利斯（Bruce Willis）领衔主演，这
是一部未来主义的动作电影。在电视领域，高蒙参与了《夜间飞行》
（*Fly By Night*）的制作，香农·特维德（Shannon Tweed）饰演私人飞
机公司野心勃勃的老板，在另一部高蒙参与制作的《反恐精英》
（*Counterstrike*）中，克里斯托弗·普鲁默（Christopher Plummer）出
演反恐小组的指挥员。[1] 这些节目包含旅行元素，取景地和演职员也都
做到了国际化。这两部电视剧，高蒙公司都是与加拿大的制作公司合
作，借此在美国发行节目。直到高蒙电视成立和《高地人》项目之前，
高蒙一直以这样的方式在美国市场销售自己的节目。

正是由于上文我们讨论过的这些原因，参与国际联合制作的英语
节目，可以让高蒙公司提高发行潜力、增加制作预算，也可以获取更
多利润。但是此类制作方式，在法国还是引起了一定的争议。20 世纪
90 年代，这种法国参与制作却讲着英文的节目是否符合本国节目配额
成了辩论的焦点。根据法国广播条例的规定，60% 的节目可以以欧洲
为内容，但是另外的 40% 必须是"原汁原味的法国表达"（Hart，7）。
60 1991 年的这项复杂法案，要求一定数量的法国原创节目必须使用法
语。虽然对"法国表达"的解读非常谨慎，甚至严格，但是经过协商，
电视台可以多播放一些英语节目，以换取对本土制作的更多投资
（Charret，50）。对待配额，高蒙公司采取了一系列不同的对策。尽管
公司支持限制"非欧洲"作品在电视上的数量，但是公司的工作人员
却公然反对界定"法国表达"这样的限制性法律。高蒙以及其他的制
作方和播出方都怨声不断——法国播出方只能播放法语节目，严重限
制了法国电视节目在国际市场的发行潜力（Amdur，37）。简单地说，
这些公司认为，法国节目在海外根本卖不出去，除非节目语言是英

---

[1] 《夜间飞行》是由高蒙公司和加拿大公司联合制作的。《反恐精英》在不同时期
至少有 9 家公司参与制作，包括高蒙、Alliance、美国电视和法国电视 1 台（TF1）。

语；同时，播出方作为欧洲电影和电视节目的重要投资来源，无法支持英语节目，因为他们必须要支持法语节目以保证播出时间。因为法语节目占据了大部分投资，所以播出方能投给英语节目或联合制作节目的钱寥寥无几（Godard，98）。后来，关于法语节目的要求逐渐松绑，体现出政府对在海外发行法国节目的兴趣日益增加——不管节目语言是不是法语（Mattleart，81）。

在法语节目配额规定松绑之前，高蒙公司失去了《高地人》电视剧的一部分投资。法国电视1台（TF1）是法国最成功的电视台，它也参与了《高地人》第一季的制作。但是，法语节目配额规定不断收紧，迫使电视1台不得不中途放弃《高地人》的投资，转而支持法语节目的制作。高蒙公司向法国M6电视台求援，M6电视台在财务上虽然不及电视1台成功，但是M6电视台不用像电视1台一样，严格遵守配额要求（Sherwood，S30）。不过，M6电视台的投资数额也比不上电视1台。所以，高蒙公司最终选择向瑞舍尔娱乐公司（《高地人》在美国的发行方）出售部分发行权，并且让加拿大的Filmline公司加入联合制作，以便从法国—加拿大联合制作优惠条款中获取利润。

尽管遇到了财务上的困难，高蒙公司始终支持着《高地人》电视剧版的制作。克里斯蒂安·沙雷特（Christian Charret）在20世纪90年代负责高蒙电视的业务，他在节目制作上有双重愿景，而高蒙公司对于《高地人》的坚持正体现了其中的一个层面。[1] 沙雷特意识到了欧洲市场对于公司扩张的重要性，他发现公司制作的节目主要有两类：国际制作——以英语为语言的国际联合制作，以及法国—欧洲类制作，主要关注法国社会（Popper，1）。沙雷特希望国际市场（包括欧洲市场）能对公司制作的英语节目更感兴趣。这些节目能够带来利润，而法国—欧洲类节目则是为了顾及本国市场，完成推广本国和欧洲文化的企业使命。后来负责高蒙电视国际联合制作部门的马拉·金斯伯格

---

[1] 1999年，沙雷特从高蒙公司手中买下来高蒙电视的股份，组建了GTV。

（Marla Ginsburg）来自美国，曾经在哥伦比亚三星电视公司任职（Columbia Tri-Star Television），她曾表示："要融合欧洲的技术以及对美国市场的洞见"（引自 Sherwood，S30）。金斯伯格反复强调英语节目对于高蒙国际联合制作部门的重要性。她解释道："我们将会在欧洲看到更多的跨国制作，因为欧洲的制作方会拍摄英语节目，再销往美国市场。美国会变成我们的二级市场。"（引自 "European Television Production Not Unified"）

20世纪90年代，高蒙公司不仅实际操作发生了变化，在自我宣传时对于国际市场的概念化也发生了变化。这些国际联合制作节目，以及高蒙公司对于未来英语节目联合制作的坚持，体现出它对于国际市场的想法和路径。回溯到80年代，高蒙公司眼中的"国际"作品还是那些导演个人色彩浓重的欧洲电影，而在90年代，国际作品的定义已然改变——最容易在全球范围发行的作品：国际联合制作的英语节目。

国际联合制作的《高地人》电视剧，制作安排合理，制作人（包括高蒙公司和戴维斯—潘策尔公司的制作团队）享受到了不少好处，尤其是在第一年，各个制作伙伴不仅仅投入金钱，在剧本的内容创新上也享受平等的话语权。对于意气风发、准备制作出风靡全球又畅销本土的节目的媒体公司来说，这一点至关重要。金斯伯格强调，尊重合作伙伴之间的文化差异，尤为关键。但是，她也说过："为了避免我们的作品沦为配音版的'欧洲布丁'，我必须得打上好几轮电话，才能解决这些不同意见或者争吵。"（Ginsberg，130）尽管这种乌托邦式的制作在第一季后逐渐成为流水作业（也许是因为节目资金支持的变动），但还是有不少人担心，文化差异能否在一部艺术作品中得到统一。

尽管有一些批评之声认为，《高地人》还是一块混乱不堪的"欧洲布丁"，各国元素七拼八凑，毫无整体感，但我们还是能发现地点、社群和全球游历的价值，为节目提供了意识形态上的支撑。所有这些元素都紧紧围绕着节目对于历史和往昔的复杂再现。

剧中的英雄是邓肯·麦克劳德（Duncan MacLeod），我们正是通过他的视角来理解奇幻世界的。麦克劳德出生在 16 世纪的苏格兰，他钟情过许多女人，经历过许多战役，停留过许多国家——包括日本、印度、英国、法国和美国——我们通过倒叙手法了解了这些地点。而关于当下的叙事则是常常蕴于动作冒险故事中，这也让麦克劳德面临不少两难境地。在这些冒险中，麦克劳德（或者另一个长生不死者）"记得"过去发生的某些事情，画面就会出现在我们眼前。麦克劳德的记忆跨度长达 400 余年：17 世纪的他曾经在意大利维罗纳，18 世纪的他以军事战略家的身份现身土耳其，19 世纪他在西班牙研习弗拉明戈舞蹈。以上画面在《高地人》的基本格斗剧情中交替出现。

　　麦克劳德当然对故土苏格兰有强烈的感情（他的行为时常与苏格兰背景联系在一起，但是在整部剧集中却被反复质疑，下文我们会讨论这一点），当他向其他长生不死者介绍自己时，并没有说出自己苏格兰人的身份，而是说"我是邓肯·麦克劳德，来自麦克劳德氏族。"麦克劳德认同的身份是自己的氏族部落，而非国家。这样的身份认同体现出节目的重点所在：关注本土，关注在国家之下运行的组织和社会群体。国际联合制作对于社会群体的关注，成功博取了来自不同国家的目标观众的好感。这种基于氏族和社区的本土团体，概念足够宽泛，可以让不同国家的观众们都获得身份的认同感。所以地方社群，如麦克劳德的氏族部落、罗马人的群体、铜器时代的村落，或者美国土著人的部落，在《高地人》的叙事中，都显得格外光荣。该剧意在阐释，过去的历史可以帮助我们前行，而在关注本土时，剧集的基调几乎是怀旧的。我们在前面也提到了，尽管 400 多年过去了，麦克劳德依然感觉自己与部族息息相关。当镜头带我们回到他还在部族内生活的场景时（那时他还不知道自己是长生不死者），[1] 他觉得自己生活幸福，

---

　　[1]　长生不死者只有在被"杀死"又醒来时才知道自己与凡人不同，醒来后的他们年龄不再增加，永远不会受伤（除非被斩首）。

平安稳定（总体上）。当他在战争中被杀死，又"从自己的尸体上复活"，他被整个族群视为"异类"，并被排斥流放，就连他自己的父亲也说，儿子肯定是被邪魔附体了。被迫离群索居的邓肯伤心欲绝。在这样的情况下，部落的迷信程度固然很高，但还是表现出了家庭感和归属感，邓肯自从离开之后，却再难体验到这样的感觉。

图 1.2
《高地人》中，阿德里安·保罗（Adrian Paul）饰演的邓肯·麦克劳德在美国土著人部落寻找到了自己的爱情。（照片由 Photofest 提供）

在《高地人》电视剧中，有几集回溯了麦克劳德找到建立自己容身之地的方式，差点因此加入另一个社群和家庭的场景。这样的场面发生在 19 世纪末期，当时，麦克劳德与一个美国西部的土著人部落生活在一起。他与一位寡妇同居，很快就将结婚，而寡妇的儿子也是社群的成员之一。当麦克劳德外出归来，却发现部落被美国骑兵（由另一位为美国骑兵效力的长生不死者领军）屠戮殆尽。在试播的几集当中，友情客串本剧的法国演员克里斯托弗·兰伯特（Christopher Lambert）扮演了康纳·麦克劳德（Connor MacLeod）——邓肯的同族人，也是一位长生不死者，也是《高地人》电影版中前三部的主角，他来安慰邓肯。镜头移动，掠过横尸遍野的美国原始人部落，整个画面弥漫着暖色调的红光。《高地人》的主题曲之一是摇滚团体皇后乐队（Queen）演唱的《谁愿永生》（*Who Wants to Live Forever*），歌词这样写道："我们已没有时间，我们也没有栖身之地，是什么撑起了我们的梦想，然后又从我们身边溜走，谁愿永生，谁敢永生？"我们先听到画面之外邓肯的抽泣声，然后看到邓肯坐在地上，怀中的爱人已没有了呼吸。在与康纳交谈时，邓肯的哭泣不仅仅是因为失去自己所爱的人们，"所有的名字，所有的草地、野花和歌谣，都能告诉我们，她和她的族人从哪里来，怎样生活，信仰什么。"麦克劳德思考的是部落的灭亡，以及部落文化的消失。康纳的问题更加尖锐，指出了长生不死者对"永生"的困惑:当他们悲愤地看着遍地的尸体时，他问邓肯："你觉得，我们像他们这样活过吗？像一个族群？说着同样的语言。族群就是他们的理由，族群就是他们的名字，他们就是为了族群而生活。我们曾经归属过哪里吗？哪怕只有一次，一个地方，时间再短也不要紧。"

64

在这次回顾中，康纳·麦克劳德和邓肯·麦克劳德表达了他们始终未曾泯灭的愿望——拥有一丝归属感，成为社群的一分子，以怀念那段社群、部落和村庄还存在的日子。邓肯与自己部族之间的紧密关系以及长生不死的能力，对他人生的影响有好有坏:部落赋予他的身份认同和道德观念深深植根于他的心中，在他的全球游历中得到了淋漓尽致的体现；而他的长生不死，却在一定程度上限制了他进入社会群体的可能性。社群以平和及包容著称，邓肯却一直与之无缘（因为迷信，罗马人的社群也将邓肯放逐），这再次印证了邓肯成为社群一员是"不可能的"，但这并不是因为他所属的类型（长生不

65

死者）。[1]

一方面，麦克劳德与本土群体不欢而散，他非常后悔错失这些联系；另一方面，麦克劳德与国家的联系，却让他后悔曾经拥有这些联系。麦克劳德与国家的联系基本是诉诸军事行动，带来的尽是痛苦和折磨。为政府服务，例如他在印度为英国政府效力，这种国家层面的偏见，就具有潜在的危险性。在《高地人》电视剧中，最常出现的两场战争就是发生在 18 世纪的詹姆斯二世党人（Jacobite）的叛乱［麦克劳德与高地人并肩作战，对抗英国人，而在卡洛登战役（Battle of Cullodin）中，麦克劳德目睹了朋友的牺牲，尽管那时战役已经结束，他还是见证了英国人对高地人的屠杀，他追杀英军士兵，独闯敌营报仇雪恨］和拿破仑战争（这时的麦克劳德在为英军效力）。拿破仑战争期间，在一片白雪皑皑的战场上（在暗蓝色光芒下，显得更加阴冷），麦克劳德遇到了大流士（Darius），大流士曾经是成功的征服者，如今却成了和平的传道士。

当麦克劳德向大流士询问战争的情况时，大流士反问："这跟你有什么关系？拿破仑可能会输掉一役，英国人可能会收获大捷，但是，他们事实上赢得了什么？或者输掉了什么？他们的名誉？这些人（指战场上的牺牲者们）最宝贵的东西却被剥夺了。"观众们此时看的是战场的长镜头画面，画面背景充斥着爆炸。镜头切换到麦克劳德的视角，他面对着大流士刚刚提到的场景——尸横遍野。"你不该加入到这场悲剧中来，"麦克劳德解释道，"我从小就被当作战士来培养。我选择的战争，都是我认为正义的战争。"大流士回答："噢，我确定。你对自己的信仰无比坚定，对自己的同胞无比忠诚。但是我很好奇，这些牺牲者对于信仰和同胞的想法又如何。"《高地人》中类似的场景，反复强调着"战争无意义"（即使是参与者认为正义的战争），赞同生命的

---

[1] 《高地人》中的世界，是被独特宗教和族群合理分隔开的世界，这样的刻画方法暗示了一种新保守主义的倾向，看似推行温暖与和谐的表面下，潜藏的是恐惧和偏见。

价值。尽管人与人之间的战争可能有点儿意义（麦克劳德与邪恶的长生不死者战斗，总体上是正义的），但是在《高地人》的世界里，靠战争开疆辟土或者解放一个国家，在宝贵的生命面前显得毫无意义。[1]

在詹姆斯二世党人的叛乱中，麦克劳德的经历不仅体现出战争的悲剧性，还有自身的痛苦——自己所作所为带来的后果将伴随一生。在《高地人》的最后一季，其中一集名为《原谅我们的入侵》，麦克劳德被另一名不死者斯蒂芬·基恩（Stephen Keane）击伤，基恩得偿复仇夙愿——在卡洛登战役中，麦克劳德杀死了基恩的英国朋友。麦克劳德说，他为自己的所作所为付出了代价，而且还在继续付出着，因为他"每天都要承受自己行为带来的结果，但是也要承认一个事实，复仇不会让世界变得更好"。基恩也想起了另一位独自活在过去的朋友，故事回到从前，在"1779年的英格兰"[2]，基恩与另一名长生不死者肖恩·伯恩斯（Sean Burns）对话。伯恩斯让基恩放弃复仇，不要再对麦克劳德穷追不舍，因为"在我生活过的每个世纪，都会有那么一场战争，国王们和将军们都认为这场战争将终结所有战争，有的人因和平之名而饱受折磨，有的人也像你一样……麦克劳德们不管为这一方作战，还是另一方，都认为上帝站在自己这一边……直到有一天，他们环顾四周，强烈的恶心让他们干呕不止，他们骑上马飞奔，直到无法前行，希望自己能跨过重重道路，越过大西洋，找到一个不同的地方。他们满怀希望，祈祷自己不必再继续杀戮"。

上面这段话以及大流士的叙述，表达的观点是：民族主义并非由普通民众兴起，而是掌握权力的人创造的，以维护他们的控制权和财

---

[1]　法国对纳粹控制的抵抗也是一个例外。但即便如此，那些奋勇抵抗的斗士是为了拯救生命，而非解放国家。

[2]　伯恩斯是一个在剧中偶尔但反复出现的人物，他的身份是麦克劳德的朋友与心理治疗师。《高地人》的铁杆粉丝可能知道，在剧集给出解释之前，麦克劳德已经杀了伯恩斯，当时，他完全为邪恶所控制（来自他杀死的所有不死者）；在分为两部分的特殊的一集里，麦克劳德自己也成了恶人。

富。但国家还是被刻画成一股强大的力量，每个个体可以选择是否被卷入民族主义的情绪中。当然，《高地人》通过倒叙和闪回，让我们理解历史对当下社会的影响，解释麦克劳德为何会有这样那样的想法或行为，但是，《高地人》也把个人塑造成历史的终极演员；历史的发展影响了我们整体的境况，但是每个个人可以决定自己的行为。在剧集的结尾，麦克劳德希望为自己在战争中的行为负责。他希望自己被基恩审判。麦克劳德愿意为自己过往的所作所为承担责任，这也让他成了一位"好的"长生不死者。

当然，那些比麦克劳德更优秀的战士或者更具美德的和平使者也
出现在《高地人》中。例如大流士一直被称颂为绝好的人。但是大流士并不是《高地人》中的英雄，观众也不会认为大流士是人类的潜在主宰。[1] 是什么让麦克劳德比大流士更加可贵？作为《高地人》主人公的麦克劳德，与大流士相比，过往的经历不同，潜在的未来也不同。因为大流士不想杀死任何人，就来到圣地避难，而长生不死者是不能在圣地上大开杀戒的。在过去的 1400 年里，大流士始终在巴黎的圣地上，他深深植根于本土。在《高地人》里面，本土社群地位重要，剧情常常表达出这样的观点——要生存下去，与群体一起共进退是必需的（尤其是对于长生不死者）。重要的是，麦克劳德也曾游历四方，了解全球文化。麦克劳德也怀念与同胞们共同生活的日子，他的确是全球游历对人生大有裨益的理想典型。在叙事上，麦克劳德所处的空间和时间不断变化，他的形象也逐渐变成一个跨越国籍的人，由全球文化和经济资本支撑。麦克劳德的足迹遍布多个国家，他了解了许多不同的人，这样的经历让他逐渐对不同文化心怀尊敬和理解。全球游历所积累的知识，让麦克劳德成了一名英雄。《高地人》中，麦克劳德在语言、古董、酒、不同文化和宗教信仰以及多种格斗技能上的知识，

---

[1] 不仅如此，大流士在第二季被杀死了，因为扮演大流士的演员沃纳·斯托克（Werner Stock）去世了。

曾多次在千钧一发之际挽救了自己的性命，也让麦克劳德在凡人和长生不死者面前都卓越超群。《高地人》赞颂成为地球村一员所带来的益处——《高地人》的联合制作人和其他跨国公司也生活在与剧中相同的地球村的一部分，需要观众收看他们制作的节目来参与其中——也把麦克劳德的过往作为我们发展未来跨国文化的理想标杆。

　　长生不死者也从自己的全球游历中受到了启发，在本土群体中找到了自己理想的归属。尽管民族上的联系与全球社区和本土社群发挥着一样的作用——都是建构长生不死者的身份认同，以及他们对历史的理解，但是《高地人》在描绘长生不死者被民族主义裹挟的经历时，明显地呈现出那些与民族主义相关的经历是多么的令人失望，在很多时候，更让人追悔莫及。麦克劳德不断地成长，他也与民族主义渐行渐远，随着剧情推进，麦克劳德对自己身份的认知逐渐偏向于长生不死者这个属性，而非具体哪一国的子民。说句实话，长生不死者的身份从本质上来说，是依靠他们的不朽之名誉塑造的。

　　《高地人》关注的是角色的不朽，借此回到更传统的群体归属 ⁶⁸
观——通过血缘和出身，而这两者可能也是与历史联系最紧密的，也与部落、氏族和村庄的本土文化息息相关。正如上文讨论过的，伯戈因（Burgoyne）研究了更能体现国家包容性的电影，它们呈现出"一种并非基于血缘和出身的狭隘的氏族归属感，而是基于文明多元化的归属感"（11）。尽管《高地人》在对待文化多样性时，总体上保持着政治正确和文化多元化的态度，但还是流露出对于长生不死者聚居时期的怀旧情结，那时的长生不死者还没有流浪到世界各地，互相残杀；那时他们还同属一个族，团结在一起。长生不死者介入了很多国家的战争之中，这也是本族群文化的缺失带来的恶果。如果长生不死者能活得足够长，并且通过全球游历积累足够的知识，就会明白国家间的联盟毫无意义。与大多数美国制作的影片不同，《高地人》并不是宣扬民族主义，而是排斥民族主义。

　　对于全球文化和本土文化的褒扬，以及对国家联盟的贬低，对一个在超过 70 个国家播出的节目来说，是一种有效的策略。参与国际联合制作的各国制作人都在考虑着自己的市场（有时是本国，有时是本地区），所以制作出一部在世界各地都能受到欢迎的作品尤为重要。《高地人》和《奥德赛》这两部作品，都贬低民族主义，都把本土以及跨国的身份和历史理想化，都强调穿越空间以找到属于自己地点的重要性，为来自不同国家的观众找到了共同之处，与此同时，更体现了支持跨国资本的意识形态。

也许正因为缺失与国家的联系，可以自由质疑民族主义的基石及其无意义性，同时支持全球主义和本土主义，《视与听》（*Sight and Sound*）曾将国际联合制作的电视剧评价为"具有与众不同的形式和风情"（Fisher，224），并且指出，这正是欧洲布丁所缺乏的。当然，我们不能马上就因为历史题材国际制作的兴起而沾沾自喜。我们还要考虑，这种历史再现的手法掩盖了什么，对本土文化理想化的塑造（比如，异性恋、家长式、以家庭为基础的社群），以及制作人探索历史商业化与国际观众接轨的方式。通过研究这些国际联合制作作品，以及它们描绘历史的方式，我们还是能意识到再现的不同之处——受到电视国际联合制作潮流影响的再现，以及受到电视文化国际化影响的再现。我们还可以发现，国际联合制作剧集中的描述方式，可以塑造我们对于自己所生活的世界的理解，这些描述通过创造虚拟世界，着重强调全球化和全球游历的价值和益处；本土社群的重要性；英语的万能性；美国媒体的审美至高无上；当然还有，国家间联盟的危险性。

69

第二章

清晰、有力的品牌形象：作为营销工具的英国电视

随着电视产业的竞争日趋白热化，我们在上一章中提到的国际联合制作也受到了很大影响。20世纪80—90年代，有线电视和卫星电视的兴起，以及相关管制的撤销，使得传统电视网的观众数量减少。业内人士都注意到，传统的大众观众群逐渐减少，窄播和特定小众观众群成了业内的流行语。对于新晋的有线电视台来说，如何在激烈的竞争中脱颖而出，确实是运营的重中之重。

要建立新的电视台并妥善经营，所需不菲，因此，一些电视台愈加倚重国际联合制作，借此来节省开支，同时获得满意的节目。在上一章，我们研究了利用"无国界"创作来实现国际联合制作要求的潮流，在本章中，我们将从"反潮流"的角度探讨国际联合制作中的民族主义，尤其是为打造英国电视品牌形象而生的英伦风格。杰弗瑞·米勒（Jeffrey Miller）曾经用他的书名《完全不同的东西》（*Something Completely Different*）来形容英伦风格与美国参与联合制作的作品风格，我们还会研究"品牌化"这一概念，探讨"英伦风格"品牌形象的意义，并通过两个案例分析这种品牌形象是如何塑造成功的。在本章，我们将分析A&E有线电视台参与的两部联合制作作71品——1993—1997年推出的悬疑系列剧《解密高手》（*Cracker*）以及1995年的迷你剧集《傲慢与偏见》（*Pride and Prejudice*），来研究A&E有线电视台，以及A&E电视台与这两部电视剧的联系。

品牌化

"品牌化"是市场营销领域的专业术语，对娱乐产业来说，算是一个新名词，但是我们会发现，在很多娱乐产业的概念和实践中，品牌化的概念和实际操作已经屡见不鲜品牌可以定义为"当潜在的主顾或者顾客看到某公司的名字、商标或者任何代表该公司或产品的设计时，所产生的想法、感觉、联想和期待的总和。"（Chan-Olmsted and Kim，77）品牌化就是创造这种联想，让消费者把名称、商标和设计与特定的产品属性联系在一起（Keller，4）。"期待"是指这些联想能有助于提高品牌资产，或为产品增加价值（Farquhar，24）。换句话说，耐克公司希望，当消费者看到一双带有耐克勾型标志的鞋时，能够把这双鞋与运动才能、自由和力量联系在一起。又如，正在打算选购一台新型苹果电脑的顾客会这样想：这台机器非常时髦、设计简洁、使用安全，买下它，既是为了电脑自身的功能，也为了自己成为"苹果一族"所带来的象征意义。在电视领域，美国有线电视新闻网（CNN）的台标对很多观众来说，意味着准确、及时和体面。美国有线电视新闻网希望，这样的关联可以鼓励观众把 CNN 当作获取新闻资讯的来源。

在电视产业，品牌化的重要性日益凸显，这与 20 世纪 80 年代的激烈竞争密切相关。根据理查德·彼得森（Richard Peterson）和 N. 阿南德（N. Anand）总结出的"文化生产"模型，当全面型的组织展开竞争、想获得最广泛的受众时，专门机构或者专门品牌有可能出现（或者在一些情况下必须出现）（323）。当这些大型集团展开角逐之时，一些服务于特定观众群体的利基市场出现，为专门机构或专门品牌提供了生存空间。20 世纪 80 年代，美国主流电视网之间的竞争更加激烈，这也促进了有线电视利基市场的形成，一些观众对于电视网的综合类频道并不满意，而有限电视台正是瞄准了这样的观众群体。有线电视频道专注于体育、新闻、天气和音乐内容，而大型的电视网则无法为特定观众群专门制作这样的节目。

利基市场类电视网一直面临的挑战就是说服自己的目标受众，自己制作的节目可以满足受众的特定要求，而传统电视网则无法做到。在有线电视领域，传统电视网需要树立鲜明有力的特点，既要扩大受众群体，也要说服有线电视运营商加入自己的有线电视网系统。对于注重"窄播"的专门电视台来说，与电视网建立良好的关系可以帮自己赢得优势。

尽管由品牌所产生的联想的确来自实实在在的产品（CNN 始终保持着及时性、耐克鞋的确提供了良好的运动保障、苹果电脑极少会中病毒），但是我们必须明白，这些特性，正是这些品牌自己选择来强调的——这些不仅是产品本身的特性，也通过市场营销活动，把品牌与特质、优点和态度联系起来。品牌的特质即消费者建立起的与品牌相关联的特征。这些特质可以与产品有关，也可以与产品本身无关。与产品相关的特质就是产品表现出的核心功能。在电视领域，与产品相关的特质包括电视品牌的节目类型、形式、时长（气象频道提供的是天气资讯，Nick at Nite 频道播出的是时长半小时的室内情景喜剧）。与产品本身无关的特质，就是那些与产品功能并不直接相关的特征。例如，一家电视网不管是传统电视网、有线电视或是数字电视，这确实是品牌的属性，但是并不影响电视网提供服务的能力。我们再举另一个例子，收看成本也是电视品牌的特性之一，这并不直接影响其功能，但对于消费者来说，收看成本却常常是重要的考量。

品牌引发的联想，也与品牌的产品（或节目）能带来的收益有关系。观众相信观看节目所得到的东西，就是品牌带来的收益。这种收益可以是功能性的，即观众可以得到一些具体的东西，可以帮助他们做些什么，或者做出一些决定：气象频道可以帮我决定今天是否需要带伞；收看 PBS（美国公共电视网）可以让我的孩子更加聪明；美好家园频道（Home and Garden）可以教我如何装饰新居。收益也可以是经验性的，即观看本身就是益处：看卡通电视网我会捧腹大笑；与朋友们同看 ESPN（娱乐与体育节目电视网）其乐无穷；而 Lifetime 频道则是打发夜晚时间的利器。同时，收益也可以是象征性的，为观众提供某种文化价值：爱看喜剧中心频道的人，看起来时髦又年轻；FX电视台的粉丝犀利又冲动；而特纳经典电影频道的观众，睿智又颇具文化底蕴。

这些收益让我们注意到了第三个元素的存在——品牌引发联想中的态度联想。从本质上说，态度是指观众最终看待品牌的方式。比如，观众会认为 MTV 电视台走在潮流前线；哥伦比亚电视台老人才爱看；而 E! 电视台愚蠢又轻浮。这些态度的形成，与品牌本身的特质和带来的收益有关，三者的共同作用，使观众建立起品牌联想。这些不同种类的品牌联想由市场营销人员控制，在推广自己的同时打压他人。以有线电视为例，电视网的持有人对强有力的品牌形象孜孜以求，不仅仅是为了扩大观众群体，也是为了说服有线电视运营商将特定的电视网加入到他们的有线电视系统中去。

正如上文所言，品牌引发的联想并不单单依靠市场营销活动来形成，品牌现有的产品也通常是这些联想形成的基础。各大公司在选择产品时小心翼翼，让品牌向特定的方向发展。其实，电视网播出的节目本身也是品牌 [例如，《法律与秩序》（*Law and Order*）和《辛普森一家》（*The Simpsons*）]，这也使得电视网品牌化这一概念格外复杂。各个节目可以建立起自己的品牌形象，至少对于节目制作人来说，节目的真正价值体现在重播轮，也就是电视网播出之后的二次销售。耐克鞋若没有背后的耐克品牌，肯定不会被销售，但是电视剧《黑道家族》（*The Sopranos*）、《盾牌》（*The Shield*）和《神探阿蒙》（*Monk*）却都要自食其力，而非依靠 HBO 电视网、FX 电视网和 USA 电视网的品牌联想。这样看来，电视网品牌本身与电视网播出的节目质量的"再联系"（因为这些节目可以在塑造品牌形象时获取既得利益），是电视网品牌化的关键。如果一家电视网播出了多档流行、前卫又入时的栏目，那电视网自身的品牌形象也与这些标签联系在一起。所以，节目的选择，是电视网品牌建构过程中格外重要的一环。电视网的节目

74

编排者仔细审视着节目的所有要素，包括制作人、演员、工作室、节目类型和所属国家，让节目为电视网形象增光添彩。

　　毫无疑问，各个国家都在努力推广本国的品牌形象，促进旅游产业和贸易发展。克里斯·鲍威尔（Chris Powell）和彼得·约克（Peter York）认为："在市场、投资和人力的国际竞争中，国家形象非常重要。"（28）而市场研究也进一步指出，对于消费者来说，品牌的传承确实非常重要。阿里森·斯图尔特－阿伦（Allyson Stewart-Allen）解释说："在国际品牌日益同质化的今天，国家的价值与品牌的价值形成合力，所传达的品牌体验更加强烈，更加多元。"（7）尽管如此，约翰·奥肖内西（John O'Shaughnessy）和尼古拉斯·奥肖内西（Nicholas O'Shaughnessy）注意到了国家品牌形象的复杂性。因为国家由多方面组成，用单一的品牌形象代表国家会有些困难。约翰·奥肖内西和尼古拉斯·奥肖内西这样解释："一个国家的身份由多方面组成，在国际舞台上，在不同的时段，会有不同的关注点，当下的政治事件，甚至最新上映的电影或者新闻快讯，会让国际社会注意到一个国家不同的方面。不仅如此，国家形象存在于不同的智力和文化阶层，对于不同的受众，由于阶级和人口等差异，国家形象的含义也有所不同。"（58）由此可见，国家品牌形象塑造的难点在于在正确的时间点将国家形象与目标受众联系起来。意识到实现这一目标的困难性，约翰·奥肖内西和尼古拉斯·奥肖内西给出了建议：与其依靠"包罗万象"的国家形象，营销者们不如挖掘特定产品的"声誉资本"，将特定的产品类型与国家形象联系起来（59）。这样一来，来自同一个国家的各种产品，不必再拘泥于单一的国家形象战略。此外，我们还应该注意到，并不是所有的产品都需要利用国家形象来促进销量。

　　具体到电视产业，C. 李·哈灵顿（C. Lee Harrington）和丹尼斯·比尔拜（Denise Bielby）研究发现，一个国家的声誉确实会影响到该国节目在国际市场的发行决策，而且"有些发行商会把国家形象当作市场营销的工具"（911）。毋庸置疑，声誉资本这一概念，促进了来自特

75

定国家的特定节目的发行。而在选择国际联合制作伙伴国和制作特定类型节目时，对特定国家的所谓"专门知识"也扮演了重要角色。公司会选择那些能够完成特定产品的合作伙伴，开展国际联合制作。举个例子，也是我们下一章会探讨的话题：加拿大公司制作的儿童节目，水准精良，广受赞誉。国际联合制作旨在生产出各国观众都有兴趣的文化产品，但是常常事与愿违。有些时候，比如本章中将会提及的案例，制作伙伴试图通过作品，建立起国家形象；国际联合制作的过程不是为了创作出风靡全球的作品，而是在国际观众面前弘扬特定的民族主义。不管是从文化角度还是意识形态角度，这种对民族主义的再现都非常值得怀疑，国际联合制作并非总想抹去民族主义的阴影，这一点格外值得注意。国际联合制作与其构建一个独具辨识力的品牌，不如转求发展一种特定的民族主义概念，一种被全球观众接受的民族主义。我们将以英国品牌形象为例，探讨英国形象如何为美国电视节目编排者提供丰富资源和国际联合制作潜力，以及如何塑造品牌联想，促进收视增长。

英国的国家品牌

在视觉媒体领域，理解"英国"这一品牌的确复杂，这与英国电影和电视在美国社会的复杂角色有关。历史上，英国电影在美国电影市场上占到了便宜，因为两国语言相同。仅靠语言相同这一点，英国电影在美国的发行量，是法国、德国和意大利电影不可能企及的，而这些国家的电影都直接被归为艺术电影［只有一些例外，比如《偷自行车的人》(*The Bicycle Thief*)］。所以英国电影既拥有主流电影的观众群，同时也享有一丝国际化的气息。正如莎拉·斯特里特(Sarah Street)的阐释：英国电影(最早追溯到 20 世纪 30 年代)的文化角色是提供好莱坞电影之外的另一种选择，但实际情况却截然不同。斯特里特写道："20 世纪 30 年代的英国电影并不是要与美国电影混为一谈，而是提倡拍摄独具特色的电影作品，尤其是遵循经典节奏和剪辑方法的作品。"（88）同时，启用美国观众并不熟悉的演员（还带着英国口音）和相对陌生的文化背景，也让英国电影的文化价值打了折扣，在美国市场的经济价值也有所降低。此外，英国电影与好莱坞电影多少有些相似，两者自然常常被拿来比较。当英国的电影制作人试图拍摄普通类型的电影作品（不带有明显的英国气质）时，这种比较往往会中伤作品。从某些方面来看，对于那些想把作品在国际上发行的英国电影制作人，国际市场既期待他们的作品与好莱坞电影相似，但也希望还是有一些不同之处。正是这种为国际电影市场而生的"不同"，创造了"英国"品牌，在我看来，"英国"这一品牌主要由两个品牌概念组成："传承"牌和"新潮"牌。

"带有英国口音的英国电视"——"传承"牌

当我把传承与英国联系在一起时，我们想到的是精英主义、良好修养、经典文化和有秩序的社会。在美国观众中，英国这一品牌持续不断升温，令人惊讶。斯图尔特－阿伦认为，"美国人欣赏那些构成英国品牌基础的传统和历史"（7），美国观众认可英国作品的质量，因为这些作品已经存在了许久，已成为当今文化和社会习俗的一部分。安德鲁·苏利文（Andrew Sullivan）认为，美国民众对于英国社会的痴迷源自一种误解，但这种误解既错误又美好——英国社会是建立在传统和秩序之上的，这使得英国人比美国人更有文化，教育素养更高，也更加文明。苏利文还注意到了美国消费者对英国阶级结构的迷恋，"对美国人来说，没有什么比来自英国的东西更高贵了……英国是一个高贵祥和的地方，是茶和松饼之国，是唯美主义者世世代代生活的地方，他们在高贵的私立学校接受教育，把莎士比亚和弥尔顿铭记在心。"（19）

出口到美国的英国媒介产品，也强化了英国社会的这种形象。在学术界，传承电影（Heritage film）这一类别首次受到关注是在 20 世纪 80 年代。传承电影的定义众多，但是大部分的定义都包括：首先，是古装电影（但并不是所有的古装电影都是传承电影）；根据文学经典名著改编；与动作场面相比，更注重人物刻画和对白；节奏轻松；沉浸于图像化的视觉风格；在宣传时强调历史"真实"。约翰·希尔（John Hill）认为，传承电影在形式和内容上都与好莱坞电影不同，但是，传承电影也不是欧洲传统风格的艺术电影（Hill，78）。所以，传承电影既享受着艺术电影的美誉，而对那些不爱看新美学风格电影的观众，传承电影也是可以接受的。

在美国，传承电影的风格与众不同却又平易近人，其成功也由来已久。根据斯特里特的叙述，早在 20 世纪 40 年代，大量的英国电影开始在美国流行，文学、历史和讽刺题材是其中的代表。如 1933 年的《英宫艳史》（*The Private Life of Henry Ⅷ*）、1944 年的《亨利五世》（*Henry Ⅴ*）和 1946 年的《远大前程》（*Great Expectations*）都获得了观众和影评人的肯定。除此之外，1945 年的《相见恨晚》（*Brief Encounter*）和 1948 年的《红菱艳》（*The Red Shoes*）以独特视角展现了英国的文化和阶级，也受到了美国特定观众群体的欢迎。然而，在 20 世纪 80 年代和 90 年代早期，传承电影的潮流却受到了学界严厉的批评。新一轮的传承电影，包括 1981 年的《烈火战车》（*Chariots of Fire*）、1985 年的《看得见风景的房间》（*A Room with a View*）、1992 年的《霍华德庄园》（*Howard's End*）和 1993 年的《影子大地》（*Shadowlands*），因为保守的政治倾向而备受非议。电影学者将传承电影与当时的撒切尔夫人政府联系在一起，认为英国是在设置保守的议程。在电影学者的眼中，传承电影通过塑造特定的国家形象，推行保守的政治观念。批评家们认为，这些传承电影利用光鲜壮丽的画面，"提供一个昔日英国稳定而有序的补充式的幻象，而在当时，正值撒切尔夫人执政，其经济和社会政策不仅蚕食着社会的稳定和有序，还利用这种国家强大的幻象为自己的政策正名。"（Davies，121）而此类电影及其制作人更是被评论家们大张挞伐，因为他们为了讨好美国观众、在美国市场取得成功，捏造虚假的英国国家形象、让当代主流英国电影黯然失色，比如1985年的《我美丽的洗衣店》（*My Beautiful Launderette*）、1988年的《睡遍伦敦》（*Sammy and Rosie Get Laid*）和1993年的《赤裸裸》（*Naked*）（Davies，121）。

传承电影在美国的成功，原因有很多。当然，电影中绿意盎然的乡村景致、具有历史感的大庄园为观影者提供了美好体验，尤其是那些身在美国、并不熟悉这类景色的观众。此外，马丁·西普斯基（Martin Hipsky）认为，传承电影是"亲盎格鲁"的，正如前文所言，它是艺术电影一种平易近人的形式，所以中产阶级观众会走进电影院，提升自己的文化资本。而传承电影总体上保守的价值观，也受到美国观众的欢迎。既然提到了阶级，有很多批评家同意，这些电影最终重申了传统社会的阶级结构，而对可能颠覆社会结构的其他可能性避而不谈。比如，异性之间的浪漫爱情，总体上都被理想化了。对于美国观众来说，"这些历史类电影蓄意抹去了某些历史；它们向北美观众提供的是一种清洁的、无罪的怀旧感……观众们可以享受时空穿越，来到高级社会美好的文明空间，一个与真实的丑恶历史完全隔绝的真空地带。"（Hipsky，106）

不必惊讶，早在20世纪40年代就开始流行的传承电影，让英国这一品牌在美国电视上也大行其道。实际上，斯特里特所关注的这些早期传承电影，也是最早在美国电视上播出的一批英国电影。尽管在20世纪40年代和50年代初期，大量美国拍摄的B级片开始在电视媒体投放，但是大型的电影工作室却因为种种业内的原因，并未准备在电视上播放电影作品。正因如此，英国的制作人得以在美国电视上播出自己拍摄的影片。电视观众先看到的是成本低廉、制作粗糙的B级片，而随后播出的高质量英国片，更是强化了观众对英国电影的好印象。随着电视业发展日趋成熟，大型的电视网着力吸引所有观众群体，避免播出"过于英国"的节目。虽然遭到了主流电视网的排挤，但传承电影却因祸得福，精准地找到了自己的利基市场，也确立了自己不同于主流电视网的独特定位：公共电视。在公共电视网，美国和英国的媒介生产者共同合作，创造（也经常有联合制作）英国的传承品牌。

在 20 世纪六七十年代，高质量的英国节目在美国公共电视网（PBS）定期播出。由美孚石油公司赞助的《大师剧场》将英国节目的文化质量展现得淋漓尽致，而引进或联合制作英国节目成本低廉，也让《大师剧场》获利颇丰。《大师剧场》的发端与《福尔赛世家》（*The Forsyte Saga*）的成功密不可分。《福尔赛世家》于 1969 年在美国全国教育电视网（NET，美国公共电视网的前身）播出。有趣的是，《福尔赛世家》是英国广播公司（BBC）和米高梅公司（MGM）联合制作的，而在宣传该剧时，却对联合制作和米高梅这家好莱坞的大型工作室只字未提。

《福尔赛世家》根据约翰·高尔斯华绥（John Galsorthy）1920 年出版的同名小说改编，共 26 集，每集 50 分钟。该剧于 1966 年在英国取景拍摄，预计投入 26 万英镑（约合 72 万美元），这在当时可是大手笔的制作（Feretti，70）。实际上，根据一些新闻报道，英国广播公司内部对该剧的预算也争执不下，尤其是花费这样大笔资金在一部黑白电视剧上（其实也是英国广播公司拍摄的最后一批黑白片之一）（Feretti，70）。当《福尔赛世家》出现在《综艺》杂志封面上时，它被称为英国广播公司"有史以来的最大戏剧项目"。这部古装剧讲述了福尔赛家族 1879—1926 年的兴衰史，有 120 个有台词的演员，以及 100 场戏（"MGM-BBC"，1）。

尽管在公共电视台播放多少限制了《福尔赛世家》在美国的流行，但是该剧依然是美国全国教育电视网播出过的最受欢迎节目之一。《福尔赛世家》于 1969 年在美国播出，杂志和报纸都不吝笔墨对其进行报道，而大部分文章的焦点是英国制作高水平肥皂剧的能力，远胜于美国制作日间肥皂剧的水平（Gould，94）。1970 年，《福尔赛世家》得到了进一步的肯定——它获得了艾美奖的多项提名，包括剧情类最佳剧集和剧情类最佳新剧的提名，苏珊·汉姆谢（Susan Hampshire）更是荣获最佳女主角。

《福尔赛世家》的成功，证明了英国高雅的传承文化在公共电视台播出，能够受到"高素质"观众的欢迎。美孚石油公司注意到了这种联系，在1969年美国公共电视网创立时，就选择赞助《大师剧场》。随着美孚在资助英国节目上愈发积极，美孚及其播出合作方波士顿公共电视台对英国制作人的控制也越来越多。这些美国机构让英国的制作人知晓哪些题材是他们感兴趣的、会投资的，并且开始插手演职员、剧本、制作人和导演的选择，以及创意的决策过程（Jarvik，118-119）。一位美孚的工作人员解释，他对那些"美国化"的英国节目毫无兴趣，而更愿意选择那些具有明显英国气息的节目（Jarvik，120）。美孚和波士顿公共电视台通过选择题材和演职员，让节目的英国风格更加明晰。

美国插手英国（尤其是公共所有的英国广播公司）节目的制作，在英国社会引发了不少关注。事实上，美孚对英国节目的赞助已经破坏了英国广播公司关于公司赞助的制度。按照保守派批评家劳伦斯·贾维克（Laurence Jarvik）所说，英国广播公司可以接受美孚公司的钱，前提是声明这些节目是为了出口而制作的，而在英国广播公司播放时，淡化节目与美孚公司之间的关系（117-118）。允许美国资金支持英国节目的方法之一，就是公开承认这些节目是为了美国市场制作的。

所以，很多《大师剧场》的节目都反映了英国历史和文化，但其实从某种程度上说，这种英国风格其实是为了国际观众刻意营造的幻象。这种针对美国插手英国电影的批评，一直延续到90年代。1998年，一篇刊登在《电子媒体》（Electronic Media）上的文章就质疑了英国广播公司拍摄大量古装剧、牺牲现代剧的动机——因为古装剧在美国销售良好，英国广播公司可以从联合制作中获利（Kavanagh，86）。尽管英国广播公司否认了这些指责，但是很有可能，至少在某种程度上，联合投资潜移默化地让英国制作人选择了特定的传承文化，也就

81

是贾维克所说的"带着英国口音的英国电视"（9）。

所以，呈现在英国电影和电视节目中的英国风格传承，开始与特定的属性、利益和态度结合起来，而正是这些属性、利益和态度，帮助制作历史古装剧的英国制作人积累着名誉资本。英国风格的传承牌唤起了观众对古装剧的肯定，因为这些古装剧重新营造了一段美好的、看上去更简单的历史。这些媒介内容的节奏缓慢，画面丰富，并且改编自文学经典。而提到非产品属性，传承电影和电视剧不只可以在艺术院线或者是"高质量"的电视台（我们下文会讨论）播放。收看传承电影和电视剧的好处颇多，例如了解文学作品、熟悉剧情所在的历史时期、欣赏剧中出现的场景。观众可以在欣赏美好画面、享受慢节奏叙述时逃避现实。当然，观看"高质量"影视剧更具象征意义——为自己积累文化资本。英国媒体传承品牌的属性和好处又与特定的态度联系在一起。这些节目是给高智商的观众看的，情节复杂，内容成熟。英国的历史古装剧常常被视为高质量和高修养的代名词，而且，就是比美国的节目好。这些态度上的关联让"英国制造"在美国得以持续走红。

纵横欧美的潮流：英国的"新潮"牌

英国的"传承"牌依靠的是本国的历史，而另一个品牌——也就是英国风格的"新潮"牌，则是完全现代的——注重当下英国文化中的流行元素。"新潮"这一品牌包括极具国际视野的电影和电视节目，其内容覆盖了大西洋两岸的观众，有些我们已经在前一章中讨论过。英国电影和电视节目的"新潮"牌发端于20世纪50年代末至60年代的英国电影新浪潮运动（Street，170）。根据斯特里特的描述，在这场"愤怒青年"的运动中，尽管一些较早期的电影如1958年的《少妇怨》（*Look Back in Anger*）和1960年的《浪子春潮》（*Saturday Night and Sunday Morning*）在美国并未获得巨大成功，但是却为后来在美国发行的英国电影和电视节目奠定了基础——通常，这些电影和电视的投资至少有一部分来自好莱坞工作室，发行状况亦十分理想。此类电影包括 1963 年的《汤姆·琼斯》（*Tom Jones*）、1964 年的《一夜狂欢》（*A Hard Day's Night*）和 007 系列电影。美国参与此类影片的联合制作有诸多原因，也就是我们在引言部分已经讨论过的那样理由，比如，英国的人力成本更加低廉、带不走的利润需继续投资，以及利用英国"新潮"牌赚上一笔的渴望。其中一些电影，尤其是 007 系列，当然与 50 年代末至 60 年代初的英国新浪潮电影大相径庭。詹姆斯·查普曼（James Chapman）认为，007 系列电影关注财富、逃避现实，从某种程度上说，这与当时的"愤怒青年"电影主题完全相反（68-69）。查普曼也注意到，不管是 007 电影还是英国的新浪潮电影，都在逃避传统、逃避工人阶级和中产阶级家庭、工作和生活方式（69）。同样地，英国新浪潮电影和 007 电影都拒绝了"传统的英国绅士英雄形象"（Chapman，81）。

　　在新浪潮后期，以著名的 007 系列为代表的英国电影的确蜚声国际。这些电影的主题本身就"在国际上流行"，所以适合在国际发行，并且在世界范围都能获利。007 系列电影融合了时尚、风格、商品化、国际政治和性别政治等元素，能够与当下的年轻观众产生共鸣。保罗·斯托克（Paul Stock）认为："邦德就是供全球消费的。按照这样的逻辑，邦德始终是一个资本主义的商品，一个占据全球化经济和全球商业系统优势的商品。"（39）对于"新潮"这一品牌来说，在全球受到欢迎至关重要。一些电影的流行，如 1991 年的《追梦者》（*The Commitments*）、1996 年的《猜火车》（*Trainspotting*）和 1997 年的《光猪六壮士》（*The Full Monty*），也证实了美国对于英式电影的持续兴趣，尤其是打破传统的条条框框、追寻不同生活方式的英雄这类题材。

　　尽管在商业化上与真正的"新潮"运动相背，亦忽视了真正的政治和社会批判，但是，商业化的英国新潮文化形象成功地复制到了电视领域。正如杰弗瑞·米勒（Jeffrey Miller）所述，电视节目如《神探西蒙》（*The Saint*，1962—1967 年为合作播出，1967—1969 年由全国广播公司播出）、《私家侦探》（*Secret Agent*，1964—1966 年在哥伦比亚广播公司播出）、《复仇者》（*The Avengers*，1966—1969 年在美国广播公司播出）和《六号特殊犯人》（*The Prisoner*，1968 年在哥伦比亚广播公司播出）都被美国的电视网选中，并在黄金时间播出。贾维克把这些节目描述为"纵横欧美"，来阐释美国电视与英国电视的节目特性。这些节目融合了英国的新潮文化——注重现代场景、多少有些反对权威的英雄、虚饰的风格——以及美国电视的传统类型（间谍剧、警匪剧和科幻剧），创造出熟悉又独特的节目。这些节目的出现，印证了英国与美国文化的相互影响。在探讨了 20 世纪五六十年代进入美国的英国文化之后，杰弗瑞·米勒得出了这样的结论："那些进入美国的英国流行文化，可以被视作美国化的副产品：英国大部分时间都依靠美国的投资，重新制作并重新营销了美国的电视类型，而这些类型早已在英国根深蒂固。"（12）到了 20 世纪 70 年代，美国的各大电视网开始撤掉那些英国节目，取而代之的是电视网自己重新制作的类似题材和形式的节目。在 20 世纪 70 年代，与其"传承"形象相比，英国的"新潮"形象逐渐淡化，至少在美国的电视屏幕上是如此。

　　而与英国"新潮"牌联系在一起的品牌特性、收益和态度，也与84 "传承"牌的明显不同。在媒体领域，"新潮"牌意味着浓墨重彩的性感、时尚、风格、流行文化和不敬（虽然总体如此，但依然在系统之内运行）。这些电影和电视节目常常包含那些被认为可以全球流行的元素（例如，旅行）。通常，观众期待这些节目可以在风格上与传统节目不同（例如，快节奏的剪辑、低光调或者手持摄像机纪实拍摄）。在非产品特性上，观众认为这些节目内容并非来自主流商业系统，所以与主流"截然不同"。"新潮"品牌具有功能性收益，比如让观众紧随最新潮流和时尚，足不出户便可饱览世界名胜。体验性收益包括观看有趣好玩节目带来的愉悦感，或者观看阴暗节目带来的不适感。象征性收益是指观众在观看节目后对自身的认知，例如在看过这些新潮节目后，会感觉自己时尚年轻，紧跟潮流。当然，从"新潮"品牌可以汲取文化资本，虽然这种文化资本与"传承"品牌的文化资本有所不同。"新潮"品牌让观众感觉自己新潮入时，而"传承"品牌提供的是得体的上流社会文化。虽然，在品牌态度上，"新潮"牌和"传承"牌不尽相同，但是也有相似之处。新潮和入时的态度，把"新潮"牌和"传承"牌区别开来。与高雅文化和高质量联系在一起的品牌态度，却是两者兼有的。正是这种相同的品牌态度，可以帮助我们在下文解释为什么 A&E 电视台会同时参与两个不同英国节目的联合制作，来打造自己的品牌形象。

在 20 世纪 90 年代中期，工党提出的"酷不列颠"概念也吸纳了英国风格的"新潮"品牌，试图改变英国与撒切尔主义和"旧"工党形象捆绑在一起的墨守成规、古老刻板的国家形象。肯·厄本（Ken Urban）解释道，这次英国形象的重塑是工党与青年选民建立联系的策略（355-356）。有鉴于此，"新的工党把英国视作可以管理和营销的一个品牌，一件商品。"（Urban，356）而"新潮"牌却在诸多方面与"传承"牌相反，"酷不列颠"呈现的是英国所有时髦和现代的元素。约翰·奥沙利文（John O'Sullivan）对这一概念不屑一顾，他认为"酷不列颠"把英国重塑为"一个全新的年轻国家，抗拒一切传承本国形象的传统符号，企图用风格、时尚、流行乐手、服装设计师和明星大厨来闻名世界。"（19）"酷不列颠"通过风格、时尚、（有限的）社会评论、当代艺术和"酷"与"新潮"牌联结，它并不是对英国彻底的重新想象，而是在推广已经存在的品牌——常常被视为粗俗、商业气息浓厚、备受美国影响的那部分英国文化。尽管在 2000 年，"酷不列颠"这一概念已成明日黄花，但新工党确实利用这一概念重塑了国际社会对英国及其出口产品的看法。而英国这种"再定位"在 20 世纪90 年代的美国电视领域收效尤其良好。

清晰、有力的品牌形象

就在自由派学者质疑英国的传承品牌、新工党试图用"酷不列颠"作为英国的国际形象时，美国的电视产业正经历着重要变革，正是这场变革，让英国的传承牌和新潮牌在有线电视领域有了用武之地。20世纪80年代，有线电视在全美兴起，独立电视台复兴，尽管面临超高频分配的问题，独立电视台还是可以在有线电视系统与传统电视网一较高下。福克斯（Fox）电视网的壮大和盒式磁带录像机的流行，让20世纪80年代的美国电视产业充满变数、一片混战。有线电视首先获得了观众的认可。最初，有线电视依靠的是电视网的节目来填满自己的节目表。重播节目为有线电视提供了部分素材，而来自国外的栏目则为"新"节目提供了机会——或者，至少对美国观众来说是新节目（Mullen，138）。英国电视节目对有线电视台格外有用，因为观众们多多少少都已经从公共电视台上对英国节目略知一二，正如我们在前文讨论过的，公共电视台把英国节目当作高质量的代名词。

梅根·马伦（Megan Mullen）在她的著作《美国有线电视节目的兴起：革命还是进化？》（*The Rise of Cable Programming in the United States: Revolution or Evolution?*）中写道，新兴的有线电视台倚重利基市场策略和品牌形象塑造来吸引观众。而有线电视节目的运营之道就在于选择那些符合品牌形象的重播节目（首轮已在电视网播出）。最终到了20世纪90年代，有线电视台"运营获利，收视群体广泛，并受到大广告主的青睐"（Mullen，182）。成功的有线电视台很快着手制作，或者至少是联合制作能够支持自身品牌形象、吸引目标观众的节目。

A&E电视台就是在这种激烈竞争中涌现出来的佼佼者。两个经营不善的有线电视台ARTS（美国广播公司和赫斯特集团所有）和Entertainment（美国无线电公司所有）于1984年合并，成立了艺术与娱乐电视台（Arts and Entertainment Network），其中赫斯特集团占股37.5%，美国广播公司占股37.5%，全国广播公司占股25%。A&E电视台成立之初就把目标观众锁定为受过良好教育的富裕阶层（Burgi，1995，26）。有鉴于此，A&E电视台确定了四个主要的"节目主题"：喜剧、剧情片、纪录片和表演艺术（Burgi，1994b，12）。而实际上，符合以上主题的大多数节目都是重播节目或是购买的节目，且常常是从英国制作人那里购得的。和大多数的新兴有线电视台一样，A&E电视台制作了一些原创节目，但是数量不多。1987年，A&E电视台开启了盈利模式并一直延续（Davatzes，55）。到1993年，A&E电视台营业额预计为1亿4700万美元，比1992年增长27%（Burgi，1994a，24）。A&E电视台认为，收益的大幅增长得益于广告收入的增加，因为自身吸引的观众越来越多。

随着收益增加，A&E电视台对于原创节目的兴趣与日俱增（"Necessary For"，6）。次轮重播节目价格上扬，A&E电视台也效仿其他电视台，开始播放一些带有"预售识别因素"的节目，随后转型开始制作原创节目（Burgi，1994a，24）。对有线电视台来说，原创节目好处颇多。庞大的节目素材库可以为日后的重播省不少开支。同时，原创节目也能在二级市场创造额外收入，例如家庭录像带或国际电视交易。A&E电视台就从中获利颇丰，A&E家庭录像发行了《解密高手》（*Cracker*）、《艾玛》（*Emma*）、《傲慢与偏见》和《传记》（*Biography*）系列[1]。最后，原创节目也是有线电视台从众多竞争对手中脱颖而出的方式（Parsons and Frieden，245）。

虽然原创节目对有线电视台的发展至关重要，但也花费不菲。所以，有线电视台常常选择联合制作，既可以增加原创节目数量，亦可控制投资成本。尤其是在有线电视台数量激增，卫星电视系统和电讯公司虎视眈眈之时，通过原创节目来树立自己的品牌形象对A&E电

87

---

[1] A&E电视台的一位工作人员解释，节目的销售非常依赖品牌化："我们的台标就好像一种高质量产品许可证。"（Sherber，59）由A&E电视台台标引发的品牌联想，肯定会让观众购买A&E录影带并收看A&E电视台。

视台和其他有线电视台来说已迫在眉睫（Burgi，1994a，24）。A&E
电视台积极参与到联合制作中，并倾向于投资节目总预算的20%—
50%（Johnson，92）。与英国制作方联合拍摄的纪录片和剧情类剧集
是A&E电视台的主要产品（Dempsey，1999，A3）。[1]A&E电视台也
能够控制这些节目在美国的发行。这些英国节目亦与A&E电视台塑
造的品牌形象相契合。

　　原创节目给A&E电视台带来了与众不同的品牌形象，也带来了高
收视率和高广告收入。但是，A&E电视台的品牌化过程并不轻松。正
如负责销售与市场的执行副总裁惠特尼·高特（Whitney Goit）所言，
"我们非常清楚，我们需要的是一个清晰、有力的品牌形象。但这对于
我们这种横向的电视台并非易事。我们的名字里就没有一个决定性的
名词。"（转引自Ross，S1）与天气预报频道或美国经典电影频道不同，
我们的名字"艺术与娱乐"其实没有任何具体内容，无法明确频道内
容。在20世纪90年代初期，A&E电视台曾经想改编自己的名称。
1994年，A&E电视台把原本的名称"艺术与娱乐"频道直接改为
A&E，以避免"艺术"虚荣造作的气息和"娱乐"模糊不清的定义
（Burgi，1994c，9）。电视节目的主题也缩减为3个：原创传记片、推
理剧和特别节目（Burgi，1994c，9），负责节目制作的执行副总裁布
鲁克·贝利·约翰逊（Brooke Bailey Johnson）说，此举是为了吸引目
标观众——"会挑选的、目光敏锐、受过更好教育的观众"，A&E电
视台试图"制作出比普通节目更具智力挑战的作品"（转引自Mifflin，
1996a，55）。

　　A&E电视台扩张的主要领域和品牌塑造的重点是原创节目《传
记》（*Biography*），也是制作起来最便宜的。1994年，A&E电视台提
高了《传记》栏目的播出频率，从每周一期改为每周五期，并且把制

---

　　[1] A&E电视台与英国广播公司的联合制作，比任何一个美国电视台都要多（Rich
Brown，24）。

作重心转移到该节目，以塑造电视台与众不同、富有智慧的品牌形象。A&E 电视台的收视率提高，广告收入增加，证明了扩张的正确性（Dempsey，1988,1）。但是 A&E 电视台并不是只依靠《传记》这一档节目，有一些批评家，例如 20 世纪 90 年代中期的《纽约时报》就注意到，A&E 电视台"是'侦探小说'台，也是传记台"（Mifflin，1996a，55）。尽管 A&E 电视台还着重制作另外两类剧集——推理剧和特别节目——推理剧还是被赋予了丰富品牌形象的使命（Davatzes，55）。A&E 电视台偶尔会推广推理之夜或者推理之月（例如"周二推理电影夜"或者 1997 年的"最爱 7 月"），在 1996 年，电视台还安排在黄金时间播出长达四小时的推理剧（其中两小时是原创节目）。A&E 电视台将自身品牌与高质量、迎合高层次消费者的推理剧紧密联系在一起。虽然最近 A&E 电视台对美国的推理剧更感兴趣，但是在 20 世纪 90 年代，大部分的剧集都来自英国，例如《大侦探波洛》（*Poirot*）、《洛夫乔伊》（*Lovejoy*）和《解密高手》（*Cracker*）。约翰逊（Johnson）具体分析了英国剧集的联合制作、A&E 电视台的品牌形象与目标受众之间的联系，她解释道："A&E 电视台之所以与英国合作，联合制作大量剧集，就是因为我们的目标受众是受过良好教育的富裕阶层成年人。"（92）

约翰逊并没有解释她所建立的英国电视与高阶层观众之间的联系，也让此种联系如常识般普及。但重要的是，A&E 电视台并没有播出英国电视的所有类型，而是依靠英国电视人的声望资本来制作古装剧和推理剧。随后 A&E 电视台制作了特定节目，以实现英国两大著名品牌——传承和新潮——资本化。制作与这些品牌相关的节目让 A&E 电视台得以吸引不同的亲英派观众，因为节目呈现了英国风格的两种不同形象。而这两个品牌都赋予了 A&E 电视台高质量和高雅文化，虽然呈现的方式有所不同，正如《综艺》杂志所解释的，传承牌和新潮牌让 A&E 电视台"带着争取更多观众的诉求，制作出高智商的节目"（Bernstein，27）。

89

《傲慢与偏见》与"奥斯汀热"

1996 年 1 月，A&E 电视台与英国广播公司联合制作的《傲慢与偏见》在美国播出，掀起了一股"奥斯汀热"。1995 年上映的电影《劝导》（*Persuasion*），而观众对《理智与情感》（*Sense and Sensibility*）更是叫好又叫座。下文我们将讨论简·奥斯汀小说成为影视剧改编热门素材的原因，而时长 6 小时的迷你剧集《傲慢与偏见》更是将英国传承文化与美国资金投入结合的绝佳例证。

《傲慢与偏见》于 1995 年 12 月在英国首播。据报道，这部大制作的迷你剧集（分三部分，每部分时长两小时）耗资 600 万英镑，约合 973 万美元（Kavanagh，86）。当该剧创下英国广播公司古装剧的最高收视率时，确实是物有所值。据称，该剧在美国的观众有上千万之多（Kavanagh，86）。而大结局更是吸引了 40% 的英国电视观众守候在电视机前（Dean）。此外，1996 年 1 月发行的《傲慢与偏见》家庭录影带，销量超过了 10 万盒，书店里的小说也被抢购一空（Dean）。

当 A&E 电视台于 1996 年 1 月播出《傲慢与偏见》时，该剧早已引起了媒体的关注。有关"奥斯汀热"的报道时常见诸报端，《傲慢与偏见》迷你剧在英国的成功也被反复提及。该剧还受到了英美两国评论家和简·奥斯汀粉丝俱乐部的热烈赞美，这无疑是极大的肯定。A&E 电视台在排片时选择连续三晚播出该剧：1 月 14 日，星期天（晚 8—10 点）；1 月 15 日，星期一（晚 9—11 点）；1 月 16 日，星期二（晚 9—11 点）。《傲慢与偏见》的收视率超过了 A&E 电视台播出过的任何一部电影，平均有 370 万个家庭锁定了 A&E 电视台，观看这部剧集。[1]《傲慢与偏见》在 A&E 电视台的家庭录影带市场也成绩斐然，到 1997 年 4 月，每套售价 99.95 英镑的录影带已经卖出了 12.5 万套

---

[1]　第一集有 372 万个家庭收看，第二集有 366 万个家庭收看，第三集有 376 万个家庭守候在电视机前 "（A&E Reaps Record Ratings）"。

(Sherber，59）。

A&E 电视台与英国广播公司联合制作经典名著剧集的决定并不难理解。最主要的原因就是，由名著改编的作品在美国市场表现不俗，而此项目也让 A&E 电视台名利双收：自己参与制作的剧集极佳，吸引了上层阶级的核心观众，受过高等教育的观众——尤其是女性。但其实，选择简·奥斯汀的小说实属偶然，但"奥斯汀热"盛行于世时，这一选择却看似是必然的。

20 世纪 80 年代和 90 年代初，莫尔昌特伊沃里制片公司（Merchant Ivory Productions）也制作过传承类的电影，而到了 90 年代末，传承主题转向简·奥斯汀的著作。按照玛德莲·多比（Madeline Dobie）看法，这些对简·奥斯汀著作的改编代表了"后传承"运动，以电影形象投射社会和政治议题（1995 年英国广播公司和波士顿公共电视台联合制作的《劝导》中呈现出资本主义的罪恶；1999 年英国广播公司和米拉麦克斯合拍的《曼斯菲尔德庄园》控诉的是奴隶制；1996 年 A&E 电视台和子午线公司合作的《艾玛》则还原了当时的偷猎恶行）。多比认为，"后传承"电影展示出追逐利基观众群体时素材的多样性。曾经的 80 年代，传承电影的目标观众是大众，而有线电视和"主流独立"电影发行商在美国崛起之后，电影的制作和发行都可以瞄准上层阶级受过高等教育的女性。而且，此类电影可以包含社会和政治评论（尽管浅尝辄止）。多比还指出，尽管电影和电视节目可以选择利基观众群体，但是大多数的发行商和电视频道还是希望自己的观众越多越好，所以他们常常加入一些观众熟知类型影片的元素（例如，浪漫喜剧）来增加潜在的观众数量。多比认为，A&E 电视台和英国广播公司联合制作的《傲慢与偏见》既洞察了社会等级制度，也融合了浪漫喜剧的元素（252）。

多比对 20 世纪 90 年代"简·奥斯汀热"的分析，揭示了 A&E 电视台《傲慢与偏见》成功背后的行业转向：声誉、高质量的观众以及节目塑造的品牌形象。但是多比并没有考虑《傲慢与偏见》作为联合制作的影响。例如，卡罗尔·多尔（Carol Dole）研究了英美两国对于简·奥斯汀小说的不同改编版本。多尔认为，美国版的改编倾向于"从表面讽刺阶级的势利和虚荣，但是在更深层面是认可这种阶级分化的"（60）。而另一方面，英国改编的版本对阶级分化的呈现则更加直白，质疑也更加明显。当然，多尔最初选择的样本《劝导》是一部所谓的"英国版本"，其实是英国广播公司、波士顿公共电视台和两家法国制作公司共同拍摄的。而比来源国更重要的是目标受众。《劝导》其实是为电视台拍摄，但最终在电影院发行。在美国，《劝导》最早是在艺术院线播放的。所以，《劝导》作为一部面向大众的电影，并不算成功。对 A&E 电视台来说，不同品位的观众都想争取。

除了对阶级的特别呈现，对于性别、社会规范和道德的描写，亦体现出简·奥斯汀在美国的流行。当时，许多大众媒体对奥斯汀复兴的分析集中在这个问题：为什么美国人喜欢看奥斯汀小说改编的电影？正如爱德华·罗斯斯坦（Edward Rothstein）在《纽约时报》上所言："简·奥斯汀小说的流行并非偶然，她的小说详尽地描绘了道德和社会教育，而在当时美国文化在这两方面的失败，正受到保守派的批评。"（1）帕特里夏·布里南（Patricia Brennan）在《华盛顿邮报》发表的文章也持同样意见："这个故事讲的不仅仅是上层的地位和巨大的财富，也是道德与价值观。"（Y07）批评家们注意到，简·奥斯汀的小说让美国人重访了一个时代，彼时社会规范约束人们的生活，使人们明晰自身的地位。而在 90 年代，全球似乎都已失序，而家庭价值观成为失序的罪魁祸首，简·奥斯汀用带有明显英国特征的秩序和严谨取代了纷繁混乱。

英国的传承牌将文明、秩序和阶级结构与英国风格联系在一起。通过制作以英国历史为背景的作品，制作人实现了两个层级的转移——历史和国家——缓和了美国中上层和上层观众可能产生的任何不快。所以，A&E 电视台不会自设险境，对阶级分化吹毛求疵，而阶级分化至今仍存在于美国社会之中。A&E 电视台利用联合制作，可以亲手选择节目内容，创作出的节目既包含英国传承文化，同时又限制了社会议论，以扩大收视群体。

　　A&E 电视台与英国广播公司联合制作的《傲慢与偏见》将这些需求与其作品中呈现的性别、阶级和规范清晰地联系在一起。许多学术和非学术文章都已研究过简·奥斯汀作品中的社会地位和女性地位。A&E 电视台与英国广播公司联合制作的版本忠实于原著，在 6 个小时中，对于阶级和性别的呈现都服从于英国的主流社会规范。《傲慢与偏见》的制作人苏·伯特威斯尔（Sue Birtwistle）想着重强调摄政时期经济地位的重要性。她解释说："在原著小说中，没有一个角色在出场介绍时，后面一句不是说明收入情况的。"（转引自 Grimes，3）与1939 年的电影版不同，迷你剧版本的《傲慢与偏见》强调了经济、阶级和社会地位的重要性。但是，该剧并未质疑社会等级的力量。的确，达西的社会地位就是比其他人高。而他的缺点正是他知道这一点。简和伊丽莎白也因为嫁入豪门而被祝贺。所以，阶级并不是一项真正的考量；而且，跟小说结尾一样，迷你剧版本的《傲慢与偏见》也拒绝质疑阶级系统的正确性。

　　为了同时吸引奥斯汀的粉丝和并不熟悉原著的观众，正如多比分析的那样，迷你剧版本的《傲慢与偏见》着重强调故事浪漫喜剧的成分。当英国广播公司宣布要制作《傲慢与偏见》时，伯特威斯尔毫不讳言，这一版本要关注的也是原著小说的重点：性与金钱。许多英国粉丝都很担心，"更新"版本的《傲慢与偏见》会有裸露镜头以及不恰当的暗讽（Grimes，3）。伯特威斯尔解释，她所指的其实是对空间的仔细审视，并非具体的物品。但是，该剧确实添加了一些达西先生的浪漫镜头。比如，我们在剧中可以看到达西洗澡的场景：达西浸入浴缸中，仆人向他的头上浇水；当达西站起来走向窗前时，浴衣（由仆人手持）正好挡住了达西的裸体；而达西向外望去，伊丽莎白正在外面与狗嬉戏；我们还看到了达西在击剑课上的画面。迷你剧版本的《傲慢与偏见》清楚地解释了达西练习击剑的动机——借此忘记对伊丽莎白的爱。在课后，达西对自己说："我会战胜这一切。我会的。"在这

93

一版本中，最著名的强调性感的场景也许就是达西回到彭伯利时，脱掉外衣跳进湖中游泳的一幕。浑身滴着水的达西向宅邸走去，却意外撞见了正与舅舅和舅妈参观庄园的伊丽莎白。尽管加入这些男性场景来吸引男观众情有可原，但是很明显，这些场景把达西刻画成了女性心中的性对象。如雪片般飞向制作人的来信也体现了科林·费尔思（Colin Firth）版浪漫英雄达西的成功——其中一封信来自一位女士，她在观看了大结局后，出现了呼吸急促、流汗和心跳加速症状，赶紧去看医生。而医生的结论是：她爱上了达西（Grimes，3）。迷你剧邀请女观众与伊丽莎白产生共鸣，逐渐爱上达西。重要的是，迷你剧版《傲慢与偏见》忠实于原著，在女性社会地位方面，并没有添加任何颠覆性的内容。该剧清楚地陈述了女性社会地位是依靠自身的财富、家世和婚姻，但是也并没有将教养良好、富有智慧的女性排除在外。而且，正是因为忠于原著，该剧才能保证质量，同时避免上层阶级对任何颠覆性迹象的质疑，尤其是那些不想怀疑自身价值的女性观众。

图 2.1

迷你剧《傲慢与偏见》中，科林·费尔斯饰演的达西在自己的庄园中远望。（照片由 Photofest 提供）

用英国乡村景致和旅游形象向观众介绍摄政时期的英国，这一点虽然鲜有讨论，但是对于理解英国传承文化的代表——《傲慢与偏见》——还是同样重要。在迷你剧中，制作方用无数的室外场景，让观众领略英国美丽富饶的乡村景致。故事中最重要的一环，就是伊丽莎白与舅舅和舅妈的德比郡之行，那里正是达西的彭伯利庄园的所在地。伊丽莎白是在拒绝达西求婚之后出发的，而那时她也看到了达西的信，了解到达西与威克姆恩怨的真相。所以，虽然伊丽莎白还是讨厌达西，但她的态度已有所转变。

镜头慢摇，略过满眼的绿色山丘——这正是伊丽莎白德比郡之旅的开始。伊丽莎白舅舅画外音把这片绿野描述成"自然与文化和谐共处"，也为观众的崇拜定下了基调。在伊丽莎白德比郡之行的高潮——彭伯利之旅之前，我们看到伊丽莎白走上最高处，俯瞰着令人震撼的山谷。在达西练习击剑的短暂场景后，就是充满悬念的彭伯利之旅。当伊丽莎白与舅舅和舅妈穿过彭伯利庄园的树林时，她还打趣说："我们能在天黑之前到吗？你们觉得呢？"当达西的宅邸映入眼帘，悬念也终于揭晓。壮美的景色让伊丽莎白震惊。她的舅妈问："也许这美景能让你少讨厌庄园主人一分？"作为观众，我们也被邀请饱览英国乡村和建筑之美，这些美景也成为主人达西的优点。

伊丽莎白和舅舅、舅妈随后在管家带领下参观了宅邸内部。彼时的这种导览与今时参观国民托管组织所保护的大型故居非常类似，只不过没有绳子把参观者与家具隔开。这种私人化的导览让观众感同身受——正是这样的豪门让伊丽莎白重新考虑对达西的感情。在迷你剧接近尾声时，伊丽莎白接受了达西的第二次求婚之后，她开着玩笑向姐姐简承认，她是在看到了彭伯利的美景之后才开始爱上达西的。迷你剧《傲慢与偏见》将富有历史感的庄园、浪漫元素、阶级身份与英国美景结合，充分开发英国的传承品牌，展现英国摄政时期的浪漫情怀，完美契合了A&E电视台目标观众的需求。

A&E电视台与英国广播公司合拍的《傲慢与偏见》是英国"传承

牌"的成功代表。《傲慢与偏见》是一部历史古装剧，节奏缓慢，视觉效果惊艳。而观看《傲慢与偏见》的好处明确符合 A&E 电视台功能性、经验性和象征性的品牌收益。就功能性来说，该剧让观众重温（或者向观众介绍）一部伟大的文学作品。此外，该剧"准确符合历史"地重现了摄政时期的英格兰，对于观众来说，它更像是一堂历史课。当然，《傲慢与偏见》展示的乡村景致和历史感宅邸，也让观众们过了一把旅游者的瘾。经验性的收益也十分重要。《傲慢与偏见》提供了浪漫、喜剧和美景，让观众得以躲开现实，进入另一个世界。而观看迷你剧的象征性收益也是不言自明，观众看完 6 小时的迷你剧，获得不少文化资本，尽管电视剧改编自最轻松浪漫的名著之一。所有这些特性和收益，尤其是在"奥斯汀热"期间，让观众认定这一时长更长、更忠实于原著的版本是高质量的、精致的文化产品，是电视时间的更优选择。

　　总体上忠于原著，再加上英伦气息与男子气概（通过增加达西的场景），这一版本的《傲慢与偏见》为 A&E 电视台提供了巨大的品牌化契机。观众，尤其是年纪稍大的女性观众，会认同 A&E 是一家提供高质量节目的电视台。但是，A&E 电视台也想争取年轻观众，所以转向了英国文化的另一品牌：新潮。

酷炫的《解密高手》

　　由 A&E 电视台和格拉纳达电视台联合制作的《解密高手》，自 1993 年起在英国独立电视台（ITV）播出（格拉纳达拥有独立电视台旗下的部分业务）。A&E 电视台则于 1994 年开始在美国播放此剧。虽然有时会有些争议 [1]，但《解密高手》还是非常成功，获得了评论家和观众

---

　　[1]　对于剧中暴力情节的担忧非常普遍。其中一个主题《成为某人》在播出后，很快被认为是现实中一宗杀人案的范本（Baily，T8 ；"Killer 'Copied TV'"，3）。

的一致肯定，在整个 90 年代，《解密高手》不仅在英美播出，也现身于国际市场的荧幕上，如冰岛、波兰、以色列和日本（Victoria Clark, 7）。

《解密高手》剧集的制作周期是 1993—1996 年（另有一集时长两小时，制作于 2006 年，但是 A&E 电视台并未参与）。[1] 罗彼·考特拉尼饰演能巧妙洞悉犯罪者心理的心理学家爱德华·菲茨杰拉德博士（菲茨），但是他自己的人生却一塌糊涂。满身赘肉、嗜赌如命的他，既是酒鬼，还是烟枪。他的家庭生活也是千疮百孔，他屡屡欺骗妻子朱迪斯，以致二人形同陌路。《解密高手》并不是一部传统的探案剧，菲茨也不是美国电视剧中那种反复出现的典型领导角色——不论是举止得体的英国侦探还是永不犯错的美国侦探。《解密高手》显得更加阴暗和愤怒。

四年中，《解密高手》一共有 10 个不同的主题（比如《阁楼里的疯女人》和《成为某人》），每个主题包括两三集时长 60 分钟的剧集。97
第一季和第三季有 7 集（各三个故事），第二季有 9 集（三个故事），最后一季只有 2 集（一个故事），一共播出了 26 集。这样的结构当然与美国的电视剧不同，美国电视剧每季一般都有 13—22 集。在美国，每集的故事情节虽然相互联系，但是极少有单一故事可以独立成季的。[2] 不仅如此，英国剧集的时长与结构也与美国不同，所以《解密高手》插播广告的次数也少于美国的规定次数。而且，剧中的性和语言也体现了中英美在执行标准和实践中的不同，英国电视对剧中有动机的性行为和直白语言更加宽容。

虽然如此，A&E 电视台还是参与并播出了《解密高手》，以图把自己与高质量电视节目联系在一起。与《傲慢与偏见》不同，《解密高手》不仅依靠英国的传承牌，还与新潮牌紧密地联系起来，把剧中的

---

[1] 2006 年，由英国广播公司的美国频道播出的《解密高手》反响平平。

[2] 美国电视剧《布鲁克林南》（*Brooklyn South*），1997—1998 年在哥伦比亚广播公司播出，试图在较少的集数内创作连续的故事。这个策略成功与否无法判断，因为这部剧只播放了一季就被砍掉了。

英国与风格、当代文化、反权威英雄和社会评论相结合。具体而言，《解密高手》可能传承了"直面戏剧"的遗产，在20世纪90年代，正是"直面戏剧"催生了"酷不列颠"这一概念。

英国的"直面戏剧"浪潮试图用舞台上的暴力和性使观众震惊，鼓励观众做出反应，并选择社会和政治激进主义。伦敦皇家宫廷剧院（Royal Court Theatre）是"直面戏剧"浪潮的大本营，而那些后来成为"愤怒青年"电影的原始话剧版本，例如《少妇怨》，就是在这个剧院首演的，这并非巧合。为了吸引年轻观众，伦敦皇家宫廷剧院决定安排制作不知名年轻艺术家的作品。史蒂芬·达尔德里（Stephen Daldry）时任皇家宫廷剧院的艺术总监，他解释说："在撒切尔统治下长大的剧作家们经历了两件事：他们被剥夺了权力，同时也被赋予了权力。从一方面说，个人利益的牺牲让国家统治得以巩固；而从另一方面看，要实现任何事情，都要靠你自己……撒切尔主义催生了愤怒的气氛，以及对这种愤怒做点什么的动机。"（转引自Sierz，39）许多直面戏剧聚焦当代英国文化和英国存在的亚文化，例如两性战争、男性化危机、暴力、恐怖主义、种族清洗、无家可归、残酷行为和毒品（Sierz，78）。"直面戏剧"代表了当时的愤怒和迷茫，强调了当时的道德暧昧。

厄本将"直面戏剧"与90年代新工党推广的"酷不列颠"运动联系在一起。"酷不列颠"就是依靠英国在文化领域取得的成绩，来重塑国家形象的——摆脱古板陈旧的音像，取而代之的是更加时髦的英国。英国社会中的音乐、时尚和烹饪艺术也被用来打造"酷不列颠"的形象。所以厄本认为，戏剧也属于文化觉醒的范畴，与其他文化形式一道，塑造"酷不列颠"（Urban，355）。与"酷不列颠"一样，"直面戏剧"也把目标观众定位于年轻一代。"直面戏剧"强调了当今社会的道德暧昧、愤怒和残酷。厄本写道："这种'直面戏剧'第一眼看似奇突，但却是大有市场的文化形象，因为'整个90年代就是在散播这种愤怒情绪。'"（357）从某些方面看，"直面戏剧"也许比"酷不列颠"

更加贴近 20 世纪 60 年代的文化和最初的"潮流牌"。

《解密高手》可以看作是"直面戏剧"为适应电视媒介的改良版，也让（美国）观众更加乐于接受英国现代、时髦的形象。通过与"直面戏剧"主题相结合，区别于传统英国电视风格的《解密高手》赋予了 A&E 电视台新的品牌形象，但依然兼顾电视台的目标群体——高端受众。

从《解密高手》的形式和内容里，我们不难发现艺术电影的影子。该剧的叙事结构有时错综复杂，菲茨、警察和罪犯的叙事相互交织，交叉剪接将众多角色串联在一起。长镜头和特写用于传达角色的情绪，也让观众感到不适。比如，在《说出我爱你》这集，被拘留的年轻人肖恩咆哮不止，菲茨试图让他冷静下来。中距离的长镜头对准了菲茨和肖恩，镜头中的肖恩愤懑地呼喊，坚称女朋友供出了自己的下落。这个镜头让观众体会到肖恩的暴怒，观众也不得不反复听着烦人的咆哮。在剧集的叙事中，灯光亦突出了模糊和暧昧感。《解密高手》的照

图 2.2

《解密高手》中，罗彼·考特拉尼饰演的爱德华·菲茨杰拉德审问嫌疑人。
（照片由 Photofest 提供）

明单调又黑暗。这样的灯光手法暗示了罪犯和菲茨的性格都阴暗。而故事情节也未完全交代清楚，或者有些问题悬而未决。而且，剧集通常直入主题，没有铺垫，这也要求观众能快速反应，及时跟进，剧集亦缺少普通电视剧的结局。还是在《说出我爱你》这一集，肖恩的身份是凶手，是类似"雌雄大盗"组织的一员[1]。在故事结尾，女凶手因为两人犯下的谋杀案被捕，但是最后一个镜头是肖恩——已无罪释放——出现在黑暗的街道上，背着包跑掉了。本集就此定格，与《四百下》（*The 400 Blows*）的结局类似，这个颠沛流离的男人未来如何，观众无从知晓。在另一集《终有一天旅鼠也会飞》里，菲茨和警方试图证明一位教师杀害并强奸了一个男孩。在结尾，我们发现这位教师是清白的，尽管他将被起诉并获罪。我们永远无法查明谁是真正的凶手。

《解密高手》的角色也异常复杂，而且大多数都不讨喜，道德品质也值得怀疑。菲茨自己也是多重性格和价值观的结合体。格伦·克利伯（Glen Creeber）认为菲茨是一个"复杂的反英雄形象，他自己就体现并探索了当代英国男性社会的暧昧与冲突"（169）。菲茨的举动和做法，尤其是他的赌瘾，显示出对无聊的传统中产阶级生活的抵抗。参加赌徒的匿名聚会时，菲茨无法控制自己，引诱其他的参会者与他赌博，而这个匿名聚会的组织者正是菲茨形同陌路的妻子的治疗师（也是她的约会对象）。他之所以这样做，一方面是因为他真正认为赌博有趣，另一方面是为了让治疗师出洋相。作为观众，我们在观看时一边享受着剧情反转的乐趣，同时也意识到菲茨的可怜之处。

尽管菲茨常怀悲悯，并且十分在意自己生活中的人，但也常常无法表达爱意，或者控制自己自私的冲动。菲茨与妻子朱迪斯的关系格外复杂。尽管两人看起来都想拯救婚姻，菲茨也坚称自己是爱妻子的，

---

[1] 20世纪30年代大萧条时期的雌雄大盗邦妮·派克和克莱德·巴罗，后来他们拉上了克莱德的弟弟巴克·巴罗及其妻布兰奇等人结成巴罗帮。——译者注

但是两人却言行不一。比如，菲茨伪造了朱迪斯的签名，只为增加抵押贷款数额，获得更多赌资（导致朱迪斯离开菲茨）。朱迪斯看起来也受够了这段婚姻。当她告诉菲茨重归于好的条件后，菲茨让侍者给他一把锋利的刀，因为"我妻子要切了我的睾丸。"朱迪斯愤怒地回答："我以前觉得你这样做还很有趣……但是现在我简直烦透了。你调查的方式太无聊了。你分析的方式也一样无聊。你总是在找最纯的动机，就像我和一个最无聊的人一起过着最无聊生活。"朱迪斯的话并未显露出失去爱人的痛苦，反而是积聚的愤怒，以及伤害菲茨的意图。这种 101愤怒和痛苦的元素，有时会体现出残酷性，恰恰把《解密高手》与"直面戏剧"联系在一起。

《纽约时报》认为《解密高手》"用残忍的愤怒和冷酷的幽默审视当代都市生活"（O'Connor，C18）。《综艺》的评价是"用无情的镜头语言展示游戏的残酷性"（Scott）。而《村声》（*Village Voice*）把《解密高手》描述为"忧伤的"、"用矛盾包装"（Taubin，45）。与"直面戏剧"一样，《解密高手》的内核也是道德暧昧之境和残酷。剧中的许多案件，和其他的罪案类剧集一样，都反映了残酷这一话题。而本剧中的菲茨是心理学家，与其他罪案类剧集相比，对于残酷行为背后的心理动因探究得更为细致。《解密高手》感兴趣的不仅是恶人表现出的残忍行为，还有塑造他们人格的生活中的残忍。在我们之前提到的《说出我爱你》这集，我们不仅看到肖恩及其女友蒂娜在杀害他人时的残暴，也看到了他们两人的痛苦——蒂娜不被自己的家庭接受，肖恩因为口吃被嘲笑。不仅如此，那些所谓的"好人"在解决自身问题时，行为也很残忍，在有些情况下，甚至天天如此。例如，警方干探之一就不留情面地嘲笑肖恩的口吃，让他更加愤怒和暴力。

菲茨自己也是满腔怒火，行为残忍，尤其是审问嫌疑人的时候。在《解密高手》的第一集《阁楼里的疯女人》中，一名男子因涉嫌在火车上暴力血腥地奸杀一名年轻女性被捕。被捕的男子称自己已经记不起任何事情，连自己的名字也想不起来。警方并不相信这名男子，试图拆穿他健忘症的借口，就让心理学家菲茨来审问。在审讯过程中，菲茨残暴地痛斥他撒谎，而在随后与女探员 D.S. 彭哈利根（最终成了菲茨的朋友和爱人）的谈话中，菲茨的表现同样残忍，把她比作那种"乞求成为受害者"的女人。当彭哈利根坐在房间内观察审讯时，菲茨说出她的童年往事着实戳人痛处——猜测她是一个孤单的女孩，被学校里受欢迎的孩子们拒绝，将自己的童贞给了一个毫不在意她的男孩。不管菲茨说的是对是错，他羞辱彭哈利根的能力实在是让人无法接受——以至于嫌疑人都让菲茨不要再说了。

也许，菲茨身上更让人讨厌的是他对于世界的悲观看法，以及这种看法中的残忍。第一次审讯健忘症嫌疑人时，菲茨对嫌疑人说，他理解那种伤害女人的欲望，因为为了延续下一代而产生的性吸引是天然的、与生俱来的。菲茨把性犯罪描述成"与生俱来"。但是，他告诉嫌疑人："他们当然会折磨你。知道为什么吗？因为你做了他们内心深处最想做的事情，蹂躏她，残害她，强奸她。当他们看到你的时候，就会看到自己内心深处的欲望，这让他们害怕。他们会因为害怕而折磨你。并不是因为社会准则或者正义感或者类似的东西。就是因为害怕。"这种看待社会和人类的态度，不管菲茨是否真的相信，在观众看来都是令人不安的。对世界的愤怒和不满贯穿于整部《解密高手》，将剧集于直面戏剧紧密地结合起来。与此同时，《解密高手》的形式和风格又和传统的艺术电影贴近，让这部剧集看起来"与众不同"。我们给这部剧打上"非同寻常"和"高质量"的标签，我们不必再怀疑我们所生活的世界，却可以评论英国剧集的质量、独特性和尖锐性：非常"酷不列颠"，非常新潮。

《解密高手》与英国"新潮牌"的结合非常明显，节目的特性、收益和态度都与"新潮牌"挂钩。《解密高手》是一部风格和形式都非常独特的电视剧。通过关注性（通过剧中的犯罪事实），以及游走在体制边缘的黑暗的愤怒心理学家，受到了年轻观众的欢迎。与"新潮牌"的其他内容一样，通过审视男权社会和家庭关系，《解密高手》质疑了

"正常"生活。它也被视为主流以外的节目。不仅因为它是英国节目，还因为剧情发生在曼彻斯特，剧中人物都操着明显的北方口音，有时让观众难以听懂。从节目的收益角度，《解密高手》让观众看到了英国的另一面和正义的另一面，这些都是平时在电视上很难见到的。观众也可以了解一些心理学知识。观众还可以（看起来是这样）了解当代社会。观看《解密高手》已经成为一种体验化的收益，不仅有娱乐，也是对智力的挑战。剧集也可表达观众内心的愤怒和非正义。《解密高手》也可赋予观众象征性收益，就像《傲慢与偏见》的观众一样，看一部与众不同的剧集，可以让他们收获文化资本。看了这样一部复杂的英国探案剧（与更接近"传承牌"的《大侦探波洛》相反），观众会感觉自己身处时尚尖端，消息灵通。最后，与《解密高手》相关联的态度包括时髦、新潮、与众不同和复杂，当然也有与《傲慢与偏见》相同之处：高质量、高智商和优越感。

103

《解密高手》的故事，在固定形式和联合制作中得以延续。1996年，美国广播公司（A&E 电视台的所有者之一）授权格拉纳达新组建的公司格拉纳达美国娱乐制作美国版的《解密高手》，由罗伯特·帕斯托雷利（Robert Pastorelli）主演，他最著名的角色是喜剧《风云女郎》（*Murphy Brown*）中的埃尔丁（Culf, 6）。格拉纳达与美国库什纳－洛克（Kushner-Locke）公司联合制作的新版本被很多人视作国际联合制作，尽管这库什纳－洛克公司和格拉纳达美国娱乐都在美国本土（Stanley, 22）。美国广播公司和其他电视网一样，依赖其他国家已经相对成熟的节目形式，而利用之前已经获得成功的栏目，更是能稳操胜券。但是，美国版的《解密高手》，却未能在美国延续成功。1997年，美国版的《解密高手》开播，播出时间是每周四晚 9 点——与全国广播公司的《宋飞传》（*Seinfeld*）一较高下（Gallo, 40）。剧集播出后得到了评论家的肯定，尽管许多评论指出了美国版与原版的不同之处。根据评论，在美国版的《解密高手》里，菲茨的形象更富同情心，个人生活也没那么糟糕。整部剧集的基调更加阳光，故事的发生地也从曼彻斯特搬到了洛杉矶。《卫报》注意到，"格拉纳达版本中的粗糙和污点不见了"（Glaister，7）。尽管获得了一些好评，但美国版的《解密高手》的观众数量始终无法达到美国广播公司的要求，即使放在周六晚上播出也未见起色。尽管最初授权制作的数量是 22 集，但是只制作了 16 集，在电视播出了 12 集后，美国广播公司就取消了订单（"制作协议"）。但是，该剧在二级市场的销路却非常可观。A&E 电视台买下了已完成的 16 集，这并不意外（并播出了未在美国广播公司播出的 4 集）（"Anglo-American 'Cracker'"，70）。独立电视台也买了这部美国版的《解密高手》（Clarke，1997a，10）。有趣的是，格拉纳达的发行公司 BRITE 发现，美国版的《解密高手》——在海外发行时名为《菲茨》，避免与原版混淆——是当时销售最快的节目（Clarke，1997b，15）。到了 1997 年 8 月，美国版已销往大约 70 个国家和地区（Clarke，1997a，10）。格拉纳达国际发行总监纳丁·诺尔（Nadine Nohr）认为，美国版《菲茨》在国际市场销路可观的原因是"灵活的 1 小时时长"（Westcott，79）。国际市场对于美国节目的熟悉也让《菲茨》受益良多。很快，格拉纳达公司乐于在美国制作更多节目，也是顺理成章。格拉纳达的一位工作人员解释道："海外市场习惯于购买美国生产的节目。所以，如果我们能够制作大量高质量的节目，将极大助力我们的发行工作……增加节目在国际市场的销量。"（转引自 Fry，74）

与此同时，A&E 电视台宣布，工作重心从原本的英美联合制作，转移到美国本土制作的探案剧。[1]约翰逊解释说："更高级、更高智商的美国本土探案剧"将会由 A&E 电视台制作并播出（转引自 Mifflin，1996a，55）。A&E 电视台将一次性联合制作一批电影，如《大侦探尼罗·沃尔夫》（Nero Wolfe）的电影版、吉恩·怀尔德主演的《小镇谋杀

---

[1] 这个决策可能是受到了英国广播公司的影响，因为在1997年，英国广播公司宣布与探索频道合作，创立英国广播公司美国分公司。

案》（*Murder in a Small Town*）、罗伯特·帕克（Robert Parker）编剧的《侦探斯本瑟》（*Spenser*）系列，以及后来的电视剧《大侦探尼罗·沃尔夫》（*Nero Wolfe*）和西德尼·吕美特（Sidney Lumet）导演的《百厦街》（*100 Centre Street*）。A&E 电视台的节目制作最终从英国转向美国，也许还有产业上的原因（包括英国广播公司美国分公司的成立），使得自身缺乏品牌形象。A&E 电视台制作的美国探案剧并不成功。缺少了与英国品牌形象的二次联结，这些剧集无法帮助 A&E 电视台创造积极的联想。不仅如此，A&E 电视台决定追逐更年轻的观众，即使这意味着放弃部分高端受众（Frutkin, SR56）。A&E 电视台转向了无剧本的真人秀，例如《赏金杀手大狗》（*Dog the Bounty Hunter*）、《机场美国版》（*Airline*）和《歌蒂和三个儿子》（*Growing Up Gotti*），试图用"平均水平节目"和高端节目来平衡观众群体（Frutkin, S58）。A&E 电视105台突然停播了与英国广播公司联合制作的《军情五处》（*MI-5*，在英国播出时名为 *Spooks*），并且用重播《犯罪现场调查：迈阿密》（*CSI: Miami*）取而代之，体现出 A&E 电视台从专攻英国联合制作，转变为力争国内收视率。

A&E 电视台在电视产业相对强势的地位，可以保证其定位调整成功。A&E 电视台拥有忠实的观众群体；群体中至少有一部分是因为电视台与英国品牌形象的二次联结，才被 A&E 电视台吸引的高端电视观众。重要的是，通过与英国的联合制作，A&E 电视台也塑造了英国的品牌形象，同时利用了英国的两种品牌形象，争取更多观众。植根于"传承牌"的节目，如《傲慢与偏见》，吸引的是年纪稍大的传统女性观众。而《解密高手》因自己"直面戏剧"的风格，受到了更年轻的男性观众的欢迎。两种品牌形象都维持了与英国品牌形象的联系——高质量、优越的英国文化，而且两种品牌形象能同时吸引不同的人口群体，所以 A&E 电视台继续利用品牌化来吸引观众，将文化之网越撒越大。

第三章

儿童、公民意识与联合制作

我们在上一章已经讨论过，在观众分化的环境下，电视节目利用品牌化锁定自己的目标受众。观众在选择节目时，要求众多，兴趣各异，在这样严酷的竞争环境下，国际联合制作不断发展壮大。国际联合制作的基本前提是：国别并不是观众选择媒介的主要原因。观众并不会要求电影和电视节目（至少不会要求在所有场合）在面对他们时选择某一个民族国家的身份。这种假设其实是这样的：在判断一个人的身份时，国籍也许是一个因素，但并不是唯一（或最重要）的因素。其他因素，例如性别、经济地位、年龄、民族或种族，都比国籍更重要，而且可以潜在地支持"全球化"主题，所以全球的观众都可以欣赏同样的节目。与此同时，绝大部分国际联合制作的节目都是"去民族主义"的，一些节目里还谴责民族主义，我们在第一章也曾讨论过。于是，国际联合制作创造出一种循环效应，先假设观众认定国籍的作用实在非常有限，再通过制作"全球化"的内容坐实这一点。

参与国际联合制作的各方自然也以各种方式获利。正如我们在引言中讨论过的，国际联合制作的节目，并不会突出强调民族主义或者只针对某一特定国家的受众，这样的做法在竞争日益激烈的国际媒体环境中能带来不少益处。例如，覆盖全球的电视台网可以在世界范围内播出这些联合制作的节目。各个制作方也能够分享资源，制作出更高水平的节目。从文化角度看，国际联合制作的节目具备孕育"地球村"的潜力，因为相同的节目主题，把全世界观众联系在了一起。但是，主题趋同化导致了文化的同质化。虽然不同国家的观众解读节目的方法不尽相同，可以降低同质化的风险，但不可否认的是，大家看到的内容却日趋一致。相同的媒介产品，派生出相同的文化身份。

有许多学者研究了电视在文化身份建构中的角色。定量和定性分析都已经指出，人们肯定会受到自己观看的电视内容的影响：电视对世界的再现，影响着人们理解自身和世界的方式。有些学者认为，如果身份的建构来自一个人对自身社会地位的认知，那么电视不仅影响着我们的生活，也反映出我们对自身和世界的想法（Whith and Pretson，254）。至少自20世纪末，科技和全球化这两个元素就使得身份建构更加复杂。阿琳·达维拉（Arlene Dávila）认为，"跨国主义盛行、人口和文化的流动性增加，产生了新的多样性；这种多样性为全新的多元化、混合型身份构建提供了可能，但最重要的是，创造了一种新的需求——'归属感'。"（11）达维拉和其他学者描述的这种归属感，关注的是"公民意识"这一概念的变化，以及归属某一社群的真正意义。跨国企业逐渐模糊了国家界限，社群和归属的概念由面向国际观众的媒体决定，而非本国媒体。学者们认为，在这样的时代背景下，公民意识这一概念需要重新考量。国际联合制作把公民意识、社群和归属感的不同理解聚合，赋予了电视节目"传授"公民意识的独特角度。更有趣的是，我们可以通过分析国际联合制作中较受欢迎的形式——儿童电视节目——来探索这一领域。

儿童与电视的关系是许多学术分析关注的焦点。例如，电视暴力和性别角色对儿童的影响，这些研究总是侧重电视在儿童身份建构过程中的不良影响。而最近，越来越多的研究审视了电视节目的商业本质，以及儿童被电视灌输消费主义奇迹的模式——与媒介的互动，以及相关的特许经营。正如马休·P. 麦卡利斯特（Matthew P. McAllister）和马特·吉利奥（Matt Giglio）所言："儿童自身和所爱之物的影像如浪潮般袭来，一种主流声音将二者愈发紧密地联系在一起：'你应该买／看这些东西，因为这是一名儿童不可或缺的一部分'。"（42）不管电视对儿童的影响是好是坏，绝大多数学者都认为电视的确影响了儿童身份认同的过程——他们如何理解自己是谁，自己的形象，自己家园在世界中的位置以及他们的目标和欲望。汉娜·戴维斯（Hannah Davies et al.）和其他学者的解释是："儿童对于自身品味的认定必须包括'努力认同'的形式——也就是在公众话语和类别中对自身的定位。"（21）所以，看电视和选择看哪些特定节目，为儿童提供了一个机制，儿童利用这一机制，既可以发展个人主义，又可以彰显个人主义。

本章将探究国际联合制作的儿童节目是如何影响"认同努力"的，尤其是从这些节目解释和灌输公民意识的角度来分析。由于儿童电视市场发展和随之而来的分化，本章将着重研究学龄前节目，探询电视是如何为它最年轻的观众奠定公民意识的基础的。人们对于这一年龄段节目的期望通常是具有"教育性"，而制作人的解释更加谨慎：孩子们在观看节目之后可以得到益处，或者，至少孩子不会被伤害。为尚未进入社会的学龄前儿童制作的节目，可以让孩子成为更好的人，这一点常常为制作人所称道。有一项研究表明，收看此类节目的儿童参与社会互动时更加积极、乐于奉献，在与他人交往时也较少依赖刻板印象（Shochat, 82）。但是，各国的儿童价值观也不尽相同。儿童节目中所宣扬的意识形态、让孩子成长为好人的价值观也不一定在全世界每个地方都被认可。与其他节目形式一样，国际联合制作的儿童节目也需要在各类市场中满足制作方的要求，以及家长和孩子的需要。本章我们将关注国际联合制作的儿童节目，看看这些节目的潜质或者要求是如何超越民族主义，向孩子们传达公民意识的。国际联合制作的儿童节目，将培养出怎样的儿童？这些公民意识的概念如何让美国儿童参与到社会中？

为了探讨这些话题，本章将研究两个案例，这两档节目都是美国与美洲邻国的联合制作的作品。第一个案例是美国迪士尼频道与加拿大内尔瓦纳公司（Nelvana）联合制作的动画片《小小欧里的世界》（*Rolie Polie Olie*），该片于1998—2001年间播出。这部学龄前动画片以威廉·乔伊斯（William Joyce）的诗歌为创作基础，证明了国际联合制作和加拿大动画制作业在国际主流动画市场中的重要地位。第二个案例则有些复杂。从 1972 年播放至今的国际联合制作版《芝麻街》（*Plaza Sésamo*），由美国的儿童电视工作室（Children's Television Workshop，现已更名为芝麻街工作室）和墨西哥的 Televisa 媒体集团共同完成，是美国版《芝麻街》（*Sesame Street*）的西班牙语版本。这档节目从 1995 年起在美国的西班牙语电视台和美国公共电视网（PBS）同时播出。这两个案例完全不同，国际联合制作的背景迥异，但是两者都在教育学龄前儿童如何成为社群的一分子，以及如何成为一名公民，而这些内容却常常无法摆脱消费资本主义的桎梏。

供大于求：20 世纪 90 年代的儿童电视

关于儿童电视的发展历程，目前已经有许多记录，本章不会对这些历史进行总结。我们要关注的是自 20 世纪 80 年代以来对儿童电视发展有重要影响的行业事件。更加激烈的竞争、对儿童市场观念的变化和逐渐增加的制作费用让国际联合制作的儿童节目在此期间蓬勃发展。

20 世纪 80 年代是儿童电视产业的特殊时期。轰轰烈烈的管制解除浪潮，让儿童节目更加垂涎青少年市场这块大蛋糕，而非真正关心"公众利益"。起初，儿童电视领域的利润并不被看好。广告商也没有像现在一样，如饥似渴地接近儿童观众，因为青少年市场并没有大范围的持续收益。过去，儿童节目能创造利润，不过是依靠剧中角色的玩具和衍生品。而在 20 世纪 80 年代，儿童节目市场大有可为：特许经营和特许商品的扩张，以及和节目时长一样的广告（利用现有的玩具和角色，为销售特许商品而设计的节目）。例如，在 1981 年，特许商品的销售额达到 140 亿美元，是 1977 年的两倍还多（Langway，56）。比如，《草莓女孩》（*Strawberry Shortcake*）、《爱心熊》（*The Care Bears*）和《宇宙巨人希曼》（*He-Man and the Masters of the*

Universe）就是靠贺卡、毛绒玩具和可活动玩偶大获成功。但是，80年代和 90 年代初期的许多儿童节目也因为暴力内容泛滥而饱受批评。《忍者神龟》（*Teenage Mutant Ninja*）和《恐龙战队》（*Power Rangers*）就是鼓励孩子模仿暴力动作的反面典型（即使是为战胜邪恶的正义之战）。这些节目的动画和特效质量低劣，但却在市场上大受欢迎。到了 80 年代末期，观众，尤其是家长和儿童权益保护组织对此类节目表示反感，开始寻找替代品。

在传统媒体领域，儿童市场的契机也引发了激烈的竞争。1986 年，福克斯电视网正式开播，并且将重心放在儿童节目上。传统电视网通常只在周六早晨播出儿童节目。电视台在安排节目表时避免把儿童节目放在下午时段播出，因为儿童节目内容轻松，而晚间新闻节目内容严肃、过于生硬。而在当时没有严肃新闻节目的福克斯电视台选择在下午播出儿童节目，在"福克斯儿童节目"时间，每周六播出的儿童节目得以宣传推广，到了 1996 年，福克斯已成为周六早间收视率最高的电视网（Carvell and McGowan，100）。

福克斯倚重对特许经营者有利的低成本暴力儿童节目（例如《恐龙战队》），而其他制作方察觉了另一片市场空白——高质量的儿童节目，既可以安抚家长对暴力内容的不满，也满足孩子们对更高水准作品的需求。迪士尼公司开始制作名为"迪士尼下午"的系列节目，包括《奇奇和蒂蒂》（*Chip'N Dale*）和《唐老鸭俱乐部》（*Duck Tales*）等，提高了观众对高质量儿童节目的期待值，也增加了制作费用。举个例子，制作半小时的《唐老鸭俱乐部》在当时就要耗资 30 万美元。到了 1991 年，迪士尼公司在每半小时动画节目中的投入是 40 万美元（Hubka，1998，162）。

有线电视也在争夺着观众。大卫·胡波卡（David Hubka）在研究中写道："20 世纪 80 年代末期，儿童观众从卖玩具的动画片转投其他播出形式，例如全天播放儿童节目的有线电视服务。"（1998，246）尽管当时许多孩子家中还没有有线电视[1]，但尼克国际儿童电视频道（Nickelodeon）、美国卡通电视网（Cartoon Network），以及影响略逊一筹的迪士尼频道，都成绩斐然。尼克国际儿童电视频道出类拔萃，专门制作受儿童欢迎的高质量节目。希瑟·亨德肖特（Heather Hendershot）在研究中写道："尼克国际儿童电视频道之所以成功，是因为管制解除后，那些以销售产品为目的的儿童节目大幅降低了儿童电视节目的水准。有一片真空地带需要填补。"（2004，9）1979年开播的尼克国际儿童电视频道，意在成为专门为儿童开设的频道，该频道从1983年开始播出广告。尼克国际儿童电视频道的策略是"我们与他们"，在推广自己时宣称自己是"为儿童发声"，而不是"对儿童发声"。尼克国际儿童电视频道的成功确实让人震惊。1996年夏天，尼克国际儿童电视频道的周六早间节目收视率打败了所有的电视网，而在当时，美国只有70%拥有电视的家庭能收看到尼克国际儿童电视频道（Mifflin，1966b，C18）。

儿童节目大量涌现的同时，对儿童市场的重新思考也在积极进行。80年代特许商品的销量激增让人们意识到，孩子们口袋里的钱越来越多，可以自己支配金钱，购买产品（'Too Much of a Good Thing,'97）。整个80年代，尤其是进入90年代后，针对儿童的广告投入急剧增加。1998年，在儿童电视节目期间播放的广告投入超过10亿美元（Preston and White，116）。广告主不仅在儿童节目中插播儿童产品广告，同时也播出成人产品的广告，因为有新的研究证实，儿童能够影响成人在购买家庭用品时的决策，例如电脑和汽车（Preston and White，117）。而儿童市场也具备培养品牌忠诚度的潜力。广告主意识孩子们就是未来的用户，他们希望能吸引孩子的关注，当然是越早越好（Preston and White，117）。

---

[1] 1992年，约40%的美国人口没有有线电视服务（Committee on Communications，343）。

和广告主一样，电视网也意识到了儿童是未来的市场。从1980—1996年担任尼克国际儿童电视频道主席的吉拉尔丁·莱伯恩(Geraldine Laybourne)说："我们意识到，如果我们让孩子开始在这个年龄段（学龄前）收看我们的节目，他们将是我们一生的观众。"（转引自Pecora，31–32）1992年起在美国公共电视网播出的《紫色小恐龙班尼》(Barney and Friends)取得巨大成功，更坚定了电视网对学龄前儿童观众的兴趣。《紫色小恐龙班尼》特许商品的成功，激发了尼克国际儿童电视频道和迪士尼频道对学龄前观众的关注（Hendershot，2004，10）。广告主对学龄前儿童的兴趣有限，因为这个年龄段的孩子口袋里还没有钱可供支配（Elizabeth Jensen，B3），尽管如此，这一市场还是成了儿童节目制作方的重要战场。学龄前儿童不仅是未来的忠实观众，好看的节目也可以培养他们对于电视本身的关注。与年纪更大的儿童相比，学龄前观众还没有被电子游戏、互联网和手机吸引（Patrick，A1）。总的来说，学龄前节目让儿童观众被电视网吸引，品牌忠诚度的培养极少依赖广告，依靠的是每档节目的赞助商信息，在节目中插播推销特许产品的广告已非常少见（Jensen，1996，B3）。1999年，哥伦比亚广播公司曾播出一档名为《救援英雄》(Rescue Heroes)的短命节目，节目的制作方就是费雪公司(Fisher Price)，以该公司现有的玩具为主人公（Snyder，3）。为了提高活动人偶的销量，《救援英雄》利用学龄前儿童节目这一形式，把孩子和玩具联结在一起。1999年的《救援英雄》，也证明了90年代儿童电视管制的得与失。

1990年通过的《儿童电视法案》(Children's Television Act)开启了这一时代。80年代，这一领域的管制曾大量解除，而《儿童电视法案》则重新收紧，对儿童电视中广告时长进行限制[1]，并且禁止播出与正常节目时长相同的广告。这种广告的定义非常明确，就是为了推销

---

[1] 具体的限制是工作日每小时的广告时间不能超过12分钟，周末每小时的广告时间不能超过10.5分钟。

节目特许商品而播出的付费广告。换句话说，只要在《救援英雄》节目中不播放推销救援英雄玩具的付费广告，它就不属于被禁止的范畴；事实上，整个半小时的无偿广告时间被认为是无关紧要的。

而对于本章讨论最有意义的则是《儿童电视法案》的这项要求：地方电视台播出的儿童节目必须"有教育意义并提供知识"。这次，国会和联邦通讯委员会（FCC）并没有具体定义"有教育意义"和"提供知识"，而是允许电视台把公共服务信息和插播短广告也纳入此列。正因为有了这些模糊规定的存在，电视台开始寻找那些符合要求的节目，比如亲社会的"正能量"节目，或者遍地开花的好人最终战胜坏蛋的节目。真正的福利在 1996 年出现，按照国会的要求，联邦通讯委员会决定了每个电视台需要播出"有教育意义并提供知识"节目的具体时长。从 1997 年开始，联邦通讯委员会决定，电视台必须每周播出至少三小时"有教育意义并提供知识"的节目，这些节目必须以此为目的来制作，而非事后添加。这通常意味着必须要把课程目标写得一清二楚，并且聘请专业的教育者来审查剧本（Mifflin，1996c，D1）。不仅如此，为了满足三小时的播出要求，节目时长必须在半小时以上，而且要保证每周播出（Levinsky，7）。

20 世纪 90 年代，儿童电视领域发生了诸多变化——新的地方电视台和有线电视加入竞争、新概念的高质量儿童节目、儿童作为消费者的数量增长和分化，以及儿童电视相关法规的变革——这些都对儿童电视制作产生了深远的影响。原本就身处于电视产业深刻变革中的儿童节目制作人们，还要面临制作费用增加和特定内容要求，更添一分压力。从整体上看，这些变化都发生在电视产业变革的框架下，而正是兼并和全球化主导了这次变革。

美国、加拿大和欧洲的儿童电视市场竞争加剧，电视网缩减自制节目，选择购买外来节目以减少开支（Daly，38）。加拿大内尔瓦纳公司是业内首屈一指的动画制作公司，该公司主席托佩尔·泰勒（Toper Taylor）表示，地方电视台制作的儿童节目数量激增，"广告时间也大幅增加，两者都超过了市场的需求"（33）。泰勒注意到，这样的结果就是播出方愿意支付的牌照费缩减，而节目制作费用更加高昂。在这样的市场环境下，特许经营和国际市场销售在儿童节目市场的重要地位日益凸显（Toper Taylor，33）。

市场环境的改变让许多电视台开始注意美国以外的市场，他们需要购买外来作品以填补播出时间，而制作人也把目光投向海外，寻求资金支持。例如，尼克国际儿童电视频道早期的联合制作作品《怪鸭历险记》（*Count Duckula*）和《神勇小白鼠》（*Dangermouse*），就是为了保持低成本（Hubka，1998，128）。重要的是，儿童节目并未受到文化差异的限制，在国际市场交流顺畅。这些节目情节简单，如果是动画片，配音也容易，极少会产生文化折扣（"Too Much of a Good Thing"，97）。除此之外，动画片制作的劳动分工也是国际化的，让联合制作过程简单明了——不同的工作分配给不同国家的制作者（Hubka，1998，144）。有趣的是，美国在这一领域并不占主导地位。尽管美国儿童节目在世界范围内销路尚佳，但许多国际播出方还是对其中的一些暴力内容有所忌惮。事实上，加拿大已经取代美国，成为儿童节目的最大输出方之一——也是制作方最想合作的伙伴，这一点我们下文会继续讨论。

和其他题材一样，儿童节目的国际联合制作已经屡见不鲜。广受欢迎的《蓝精灵》（*Smurfs*）就是一部联合制作作品，完成于1982年。[1] 但在80年代初期和中期，国际联合制作被认为毫无必要。但是为了拥有那些在全世界都广受欢迎卡通形象，例如高卢英雄阿斯泰里斯（Asterix）、蓝精灵或者小象巴巴，还是有制作方愿意出资进行联合制作。而到了90年代，国际联合制作的目的则是争取投资和进入合作方市场。1996年，法国的国家电影局，也就是法国国家电影中心

---

[1] 联合制作方包括翰纳–芭芭拉工作室（Hanna-Barbera）、全国广播公司（NBC）、SEPP国际和宏广动画公司（Wang Co.）。

（Centre National de la Cinématographie，简称 CNC）发现，国际联合制作和节目预售的资金，"是动画节目的主要资金来源"（Paoli，64）。根据报道，法国本土的播出机构只为 16% 的动画制作提供资金，而在成人戏剧领域，这个比例高达 60%（Paoli，64）。积极投身于动画节目联合制作的法国公司所获得的海外投资中，26.6% 来自美国，25%来自加拿大（Paoli，64）。北美的联合制作方的确格外理想，因为从表面上看起来他们肯定会为作品在北美的发行铺路。当然，在利润优渥的美国市场，美国制作方更有机会达成理想的行销方案。但正如我们在前言中提到的，欧洲制作公司更愿意与加拿大公司合作，而非美国公司，因为美加两国文化相近，而又不必对美国制作人的要求卑躬屈膝。

在国际联合制作领域，加拿大公司和一些欧洲公司一样受欢迎，¹¹⁶因为加拿大政府为儿童节目制作提供资金支持。举个例子，加拿大政府在 1996 年就为儿童电视节目制作投入了 7300 万美元，也就是在这一年，美国联邦通讯委员会要求儿童节目必须"具有教育意义"的规定生效。在此之后，制作费用显著降低，制作方策略亦转为薄利多销，以提升节目被购买的可能性。鉴于制作方的真实目的是为了销售权和特许权，让节目得以播出才是关键。一位来自澳大利亚的儿童节目制作人透露，那些市场潜力较大的国际儿童节目在出售给播出方时，常常并不追求利润，只求与观众见面，有时播出方还能获得特许商品的利润分成（Matthews，36）。

商品和特许权常常在国际联合制作的儿童节目订单中扮演重要角色，这一点并不奇怪。例如，加拿大的内尔瓦纳公司在 1998—1999 年为哥伦比亚广播公司制作周六早间的系列儿童节目。虽然内尔瓦纳公司在内容上要与哥伦比亚广播公司的工作人员合作，以确保节目能够满足 3 小时的教育性内容，但内尔瓦纳公司还是把持着节目的所有权，以及美国地区以外的发行权利。内尔瓦纳公司同时负责节目的授权和销售。哥伦比亚广播公司从国际销售和授权费用中获取一定分成。与此同时，哥伦比亚广播公司负责美国地区传统电视网以外的发行，内尔瓦纳公司也可以从中获利（Spring，3）。这种非传统的联合制作买卖很明显是谋求双方利益的最大化，同时满足各自公司的需求。

此外，在美国，儿童电视领域时常被本国政府的特定要求约束。参与联合制作的合作伙伴必须谨慎行事，适应不同要求，确保节目既满足国家要求（以获得政府津贴、税收奖励和，或者两者兼有），又符合儿童电视领域的法律规定（Daly，38）。儿童电视领域的规定是为了向孩子们提供有教育意义、亲社会的信息，让孩子们成长为强大并且完全适应社会的公民。而国际联合制作的反民族主义趋向，对实现这一目标毫无帮助。辛迪·怀特（Cindy White）和伊丽莎白·皮特森（Elizabeth Preston）解释，当代儿童电视节目"展现的图景通常是毫无辨识度的场景，熟悉的地标也不会出现，孩子们无法将节目里的场景与特定地点联系在一起。儿童节目制作方精心创作角色，并赋予动画形象，使之在国际市场上的辨识度最大化，而讽刺的是，这些角色却并无任何文化身份。"（239）国际联合制作节目普世性的主题、文化背景模糊的角色都让人质疑，这样的节目能培养公民意识吗？

赋予公民权利？

当利益相关方（不管是政治家、学者或是电视制作人）谈论培养公民时，我们必须保持质疑态度：公民这个词该如何使用？为什么要以此为目的？托比·米勒（Toby Miller）提出了建构公民意识的三个途径：政治、经济和文化，三者密切相关，我们在此简要回顾（2001b，1）。通常，公民身份是指政治体制——国家体制下的社群。公民享有一定的权利，也要履行义务，二者的结合让社会和政府得以运行。这种对公民身份的政治定义强调的是国家属性，只是对当下公民身份的定义之一。

米勒认为，经济上的公民身份是指特定的经济权利和义务，例如

"保证第一世界国家零失业和第三世界国家经济发展"（2001b，2）。米勒认为，经济公民身份正在消解，因为人们越来越依靠私营经济来满足自身的经济需要。经济公民这一概念的产生和式微，可以与消费公民在话语体系中的地位上升联系起来。在内斯特·加西亚·坎克里尼（Néstor Garcia Canclini）1999 年著作的英译版《消费者与公民》（*Consumers and Citizens*）中，他认为，以国家为基础的公民身份不复存在，为其他形式的公民身份和归属感提供了可能。坎克里尼将消费主义视作一种参与形式，帮助塑造人们的身份。坎克里尼从积极和潜在的政治角度审视了这种变化，他写道："我们应该问问自己，消费行为是否真的无法支撑、培养，以及在某种程度上建构了成为公民的新模式。"（26）坎克里尼还认为，人们从自己的消费习惯入手，逐渐了解自身，正是因为市场的力量在影响我们参与和回馈社会。

莎拉·班内特－维泽（Sarah Banet-Weiser）在研究尼克国际儿童电视频道时，使用了坎克里尼"消费者公民"的概念，当特定人群被认为是重要的市场细分群体时，这些人在社会中就是完整的参与者，而且值得被认定和考量。班内特－维泽指出，在当下的消费社会，"我们被认为是有意义的公民，这取决于经济和文化上对我们购买能力的肯定。"（223）她总结道："政治权利和消费习惯的融合，对于公民身份的形成有深远影响"（Banet-Weiser，230）。尽管坎克里尼建议政府应该出手规范消费，使之更加"公平"，但是他提出的消费者公民概念却饱受批评，因为这一概念默认消费主义是身份的一种基本形式。在建构公民意识和身份的过程中，将"消费者身份"合理化，将其视为实现公民身份有意义且有效的途径，这样的做法突出了消费主义的重要性，但是却牺牲政治和经济力量作为代价。

文化公民身份，是米勒提出的第三条，也是最后一条公民意识的建构方式。这一概念来源于"公民意识真正的'文化'维度，不再游离于媒介化、全球化和后现代社会的边缘。"（Stevenson，331）米勒写道："文化公民身份是文化血统的传承和发展，这种传承与发展不仅是通过教育、风俗、语言和宗教来实现的，主流文化对文化差异的肯定，亦有重要作用。"（2001b，2）文化公民身份并不是靠法律上的权利和义务来界定，而是突出价值观、规范和意识形态的作用，为群体营造出归属感。文化公民身份所赋予的权利包括：传达特定生活方式或身份，在按照特定生活方式或身份生活时得到尊重，在社群内拥有话语权（Stevenson，333，334）。尼克·斯蒂文森（Nick Stevenson）解释道："文化公民身份真正关心的是，哪些人被噤声、被边缘化、被刻板印象化以及被遗忘。"（336）接触媒体，以及在媒体上得到再现，是文化公民的重要权利（Miller，2001a，183）。

要充分理解公民身份和意识，我们需要从文化、经济和政治参与三个角度全方位理解。正如米勒的解释，"公民身份不再是简单地植根于土地或血缘，而是基于文化和资本主义劳动市场的各种特性。在面对新型民族主义和跨境亲和力时，没有一个政府可以独善其身，而国家也不再是公民的唯一组织"（2001b，4-5）。当我们试图去理解国际联合制作的儿童电视节目如何培养儿童成为公民时，我们必须把这种多维的角度与儿童、公民和电视的话语结合起来。

儿童电视节目是在潜移默化地教育儿童如何成为社群的一分子——不论是全球、全国或是人际社群——这一点是毫无疑问的。在研究加纳的儿童节目时，卡拉·海斯（Carla Heath）发现，此类电视设定了儿童理解国家和民族的参数。她写道："儿童电视节目……是对于现代性的具体认知，尤其是要教授那些能把孩子培养成对现代非洲国家有用的、自给自足的公民所需的知识。"（269）在儿童电视"赋予儿童权利"方面（或者儿童群体，如女孩），已经有许多论著。我们可以从米勒提出的三个维度——政治、经济和文化——来审视儿童电视节目赋予儿童权利的程度。

虽然学龄前儿童不太可能带有（明显的）政治倾向，但是政治信仰和参与的基础确实是在年轻时打下的。大卫·白金汉姆（David Buckingham）解释说："儿童其实从很小就开始发展自己的'政治'概念，通过他们日常接触的机构，例如学校和家庭，培养其政治概念：权威意识、公平和公正、规定和法律、权力和控制，这些概念早在他们利用投票表达自己政见之前就已经形成了。"(177) 儿童不仅通过详细的政治概念（选举、民主等等），还通过一些隐约的概念（领导力、公平、规则和责任等等）来了解政治公民意识。让·诺瑟姆（Jeam Northam）研究了英国的学龄前电视节目，考察这些节目在社群参与和公民意识领域都"告诉"了孩子什么。通过对比儿童节目——20 世纪 50 年代的《特朗普顿》(Trumpton) 和《齐格里》(Chigley)，以及 90 年代的《小建筑师巴布》(Bob the Builder)，诺瑟姆研究了这些节目中的角色与社群的关系是怎样呈现的，以及当角色身陷囹圄时，如何得到社群的帮助（来自社群成员、社群官方，或者个人坚持）。诺瑟姆发现，不同时代的儿童节目对社群的呈现也不尽相同——这些儿童节目各自代表了当时的主流政治意识形态。在早期的节目中，来自公众的帮助更多，角色也更加依赖社群成员，而到了后期，节目更关注个人的责任，以及来自一小群朋友的帮助。儿童节目从面向本国到走遍全球，从本国制作到国际联合制作，这样的过程无疑在支持着节目背后意识形态的转变，因为任何一档节目如果提及具体的政治或公共机构，很有可能被认为是文化上太过具体，国际观众很难接受。我们在前几章讨论过，国际联合制作作品经常模糊地点的特性，将实际空间改变为情感空间。在节目中使用"普世"价值，例如友谊、爱、合作和独立，这样的做法既满足了国际联合制作人的需求，也符合主流意识形态传播者的利益——国际联合制作人希望创作出不带有任何具体文化特点的"普世"节目，而主流意识形态的传播者也乐于看到，节目所传达的政治公民意识其实是把国家政府应该承担的责任转嫁给个人和私人空间。

当然，当代资本主义民主的意识形态目标和儿童节目的财务前景也存在博弈。举例来说，顽固的个人主义在儿童电视领域，就没什么"钱途"。个人主义也许是一个"亲社会"特性，但是却不能创造出大量的角色，孩子们可以购买的活动玩偶或毛绒玩具数量自然也少了。由朋友和帮手组成的小型私人群体（例如《小建筑师巴布》中的团体或是《万能阿曼》中的工具"家庭"）可以向孩子们证明，一小群朋友可以解决问题，而不必大费周章地寻求大众或是官方的帮助，而这样的设定，可以让孩子们有系列产品来选择购买。

儿童被赋予公民权利的形式与制作人资本利益之间的关系十分明显。在最基本的层面上，每档节目（不管是在商业电视还是在公共电视上播出）在开头和结尾处都会出现赞助商的名称，提醒孩子们有一家充满爱心的公司正在负责这一档节目。而在绝大部分的节目中，经济责任极少被提及和解释。儿童节目（尤其是学龄前节目）中的角色似乎生活在一个不存在金钱的社会里。虽然剧中角色可能拥有一份职业，但是经济利益和义务几乎未曾提及。在赋予儿童经济公民身份时，首先被赋予的观念就是：儿童是重要的消费者。班内特－维泽指出，尼克国际儿童电视频道把女孩塑造成积极主动的形象，就是一种重要的赋予身份的形式——即使是为了创造消费者。她继续分析了女孩作为重要消费者的意义——保证了女孩们一定的社会权力，同时让她们在社会上不被忽视。拉丁族裔也适用于这种情况，首先是成为潜在的消费增长点，而后才在电视上获得一席之地。正如我们在前文所述，儿童消费者的增加，必然导致电视上儿童节目数量的增长。但是我们必须质疑，儿童节目数量上的增长，是否真的能赋予儿童公民的权利与责任。这种"有限认同"是否就把儿童当作了社会的重要参与者？还是因为消费习惯而限制了儿童其他的社会角色？是否因为儿童能够支持商业品牌，儿童的价值就此固化，身份也受到限制？

就儿童节目而言，文化公民身份与"消费者公民"身份相比，赋予儿童权利的机会似乎更多。儿童节目中的角色来自不同国家、不同种族，性别、民族和社会经济制度也不尽相同，但是儿童节目能够让这些差别看起来十分正常，让"其他人"也拥有话语权，并且告诉孩子们，其他身份和生活方式也是可以接受的。不幸的是，这样包容性的信息，国际联合制作却很难传达。为了迎合国际通行的口味和标准，国际联合制作中包含大量差异化内容，但也让节目的受欢迎程度打了折扣，影响了节目在全球的广泛传播。国际联合制作虽然传达了全球通用和亲社会的信息，但是差异的真正所在却未予明示，让儿童无从分辨。国际联合制作是在推动全球化进程，但这样的做法——制作所谓"安全"节目，创造出一个同质化的中间地带——妨碍了儿童文化权利的赋予。

我们由此发现，儿童节目在赋予公民身份、权利和意识领域虽有贡献，但是囿于经济和产业原因，这一潜质并未被充分调动。国际联合制作一直是制作主流意识形态节目的先锋——支持主流政治、经济和文化意识形态。国际联合制作为了避开民族主义而转投公民意识，但是传达的内容始终是亲社会的，让节目保持政治正确，对当下世界公民的定义亦无威胁。社群是私密的，能够自给自足。公众的帮助极少显现出作用。节目安排和赞助信息都支持着消费者公民这一身份。而文化上的接纳实则有限，且流于表面。最终，儿童节目赋予儿童公民身份的功能大大弱化，资本主义民主的观念却被反复灌输给孩子。

国际联合制作是否能够从政治、经济或是文化角度帮助儿童成长为公民，我们必须持怀疑态度。卡里·巴扎尔吉特（Cary Bazalgette）和大卫·白金汉姆就发表了这样的论述，"比如，在一个特定国家文化中，相对于'儿童'和'成人'的区别，男孩和女孩，或者无产阶级和中产阶级的孩子，他们在节目中的形象很有可能不同（所以也影响到他们今后对自身的认同）。"（5）有的观点认为，有些全球通行的标准可以让孩子们成长为负责、强健的公民，在国际联合制作中纳入这些通行标准以启发儿童，这种做法还有待检验。为了探讨国际联合制作的学龄前儿童节目是如何呈现公民意识和身份的，本章的剩余部分将特别关注两个案例。第一个案例是《小小欧里的世界》（1998—2001年期间播出），由内尔瓦纳公司和重金属公司（Metal Hurlant）联合为迪士尼频道制作。第二个案例是西班牙语版《芝麻街》，由美国的儿童电视工作室和墨西哥的 Televisa 媒体集团联合制作，自 1995 年起开始在美国播出。该节目在美国的播出让国际联合制作的定义更加复杂，也让我们的理解更加困难，在儿童文化身份的塑造方面，需要建立一个与以往不同的概念。

家庭型公民：波利镇的生活

《小小欧里的世界》由加拿大内尔瓦纳公司、法国重金属公司与迪士尼频道"联合"制作。该片改编自威廉·乔伊斯（William Joyce）的一首诗，威廉本人既是创作者，也是插画家。《小小欧里的世界》使用了先进的 3D 数字技术，此前的任何儿童节目都没有使用过。节目的目标受众是 2—5 岁的儿童，首播于 1998 年，每周六日早 8 点半在迪士尼频道播出（2000 年，《小小欧里的世界》改为每天播出，2001年停播）。这部获得艾美奖的动画片每集半小时，每集由三段七分钟的短片组成，讲述的是机器人小男孩欧里的故事。欧里生活的世界里，每样东西都是圆形的。欧里与家人和一些亲密朋友的互动，是整部动画片的主要内容。

作者威廉·乔伊斯的初衷之一是描述一个关系亲密的核心家庭，每个成员都得到应有的尊重。他在一次采访中解释："我的确认为，现在有太多愤世嫉俗的节目了，那些节目都是给大学生看的。有一天，我和我的孩子们一起看电视，我发现节目里充斥着太多'反父母'讯息，我不得不起身关掉电视。我开始思考，如果我让孩子们继续收看此类节目，他们哪天就会抄起猎枪来打死自己的父母。"（转引自Zahed，20）于是，威廉·乔伊斯决定创作出既尊重父母，又尊重孩子的节目，这一目的与 90 年代迪士尼频道的品牌诉求不谋而合。

作为付费频道，迪士尼自 1983 年开播以来，每月向各地用户征收6—12 美元不等的费用（Walley，S10）。自 1985 年开始，迪士尼频道逐渐受到观众青睐，并于 1996 年发展为基本有线台（有些家庭接收迪士尼频道时仍需付费）。1996 年，迪士尼在全美拥有 1500 万付费用户，而其主要竞争对手——尼克国际儿童电视频道已经走进了 6000 万个家庭（Lieberman，2B）。随着迪士尼转变为基本有线台，收视人数也大幅增长，截至 2000 年，收看迪士尼的家庭已超过 6100 万（Zbar，S12）。尽管不再采取订阅模式，迪士尼依然保持着非商业性；直到 2002 年，迪士尼频道开始接受片头和片尾赞助（Friedman，1）。

20 世纪 90 年代，迪士尼频道不仅观众激增，也经历了大刀阔斧的品牌重组。1996 年，迪士尼与美国广播公司合并后，聘请了吉拉尔丁·莱伯恩出任有线电视部门的领导（包括迪士尼频道，以及部分 A&E 电视台、Lifetime 女性台和历史频道；ESPN 体育台尽管隶属于迪士尼和美国广播公司，但并不在吉拉尔丁·莱伯恩的管辖范围内）。莱伯恩被认为是儿童电视领域的权威人士，因为她之前是尼克国际儿童电视频道的主席，正是她首创了儿童电视品牌，并塑造了为儿童发声的品牌形象。莱伯恩随后从福克斯挖来了自己之前在尼克国际儿童电视频道的助手安妮·斯维尼（Anne Sweeney），负责迪士尼频道的运营。莱伯恩和斯维尼对尼克国际儿童电视频道了如指掌，所以为迪士尼频道另辟蹊径，与老东家展开竞争。为了更好地服务并细分观众群体，迪士尼和尼克儿童频道一样，把一天的节目分割成不同部分来迎合不同年龄的观众。《米奇妙妙屋》（适合 2—5 岁）从清晨就开始播出，一直播放到下午两点；下午两点继续播出互动节目《Zoog》（原本的定位是 9—14 岁的儿童和青少年，但也吸引了 6—8 岁儿童收看）。夜间则重播这两档节目。[1]

迪士尼频道最终成了"合家欢"频道，父母和孩子可以一同观看节目。斯维尼的解释是，迪士尼频道经过调研，发现"孩子们说他们最希望的是能与父母度过更多的优质时间"（转引自 Robertson，16）。迪士尼全球频道总裁里奇·罗斯（Rich Ross）进一步解释："在赋予孩

---

[1]　为了重塑迪士尼频道更加新潮时髦的品牌形象，《Zoog》被中止播出。

子权利的同时，不必让家庭失去影响力。"［转引自《好事过头反成坏事？》（"Too Much of a Good Thing?"），97］所以，迪士尼专注于制作儿童和家长一起收看的节目，不仅服务于儿童，也服务于家庭。

当然，迪士尼频道的节目植根于迪士尼公司的大环境之下，及其自身对于儿童娱乐的意识形态。许多批评都对准了迪士尼节目中的种族歧视和性别歧视，而迪士尼不断向儿童推销商品，也一直为大众所诟病。按照麦克·巴德（Mike Budd）的说法，迪士尼是"将人类转变成消费者和低薪工人的全球领导者"（6）。不仅如此，许多学者还抨击迪士尼电影所创造的意识形态在支持全球化资本主义——"与民主和创造性、参与性社会生活背道而驰的意识形态"（Artz，76）。李·阿茨（Lee Artz）认为，迪士尼所关注的是个人主义，以及那些在全世界都能赚到钱的角色（例如"动物、外星人和怪兽"），对健康的社群或民主的社会毫无促进，反而在全世界宣传了全球化资本主义（81）。怀特和皮特森的研究表明，迪士尼频道非常符合这种企业意识形态。儿童在这里能够感受到自己是社群的一员——迪士尼把自己标榜成这样一个"地方"，强调个人主义、诚实和努力工作，而非像尼克国际儿童电视频道那样强调自己是孩子们玩乐的地方（White and Preston，249）。怀特和皮特森写道："迪士尼频道避开了儿童与成人之间的对立，将儿童与成人塑造成伙伴关系，因为他们都忠于个人主义、诚实和努力工作的价值观，正是这样的价值观将儿童和成人团结在一起，这样的价值观不断渗透，将迪士尼频道打造成所谓的'地方'。"（249）

里奇·罗斯认为，迪士尼频道的家庭品牌在国际市场上有巨大潜力，因为美国和英国的孩子认为自己是独立的，而在拉丁美洲、欧洲大陆和亚洲，家庭在个人生活中的影响更加深刻（转引自"Too Much of a Good Thing?"，97）。迪士尼频道对国际市场的关心并非毫无意义。在20世纪90年代中期，迪士尼频道（当然还有迪士尼公司）对国际市场产生兴趣。2000年，有9个迪士尼频道出现在世界各地——法国、德国、英国、西班牙、意大利和中东各国；拉美、斯堪的纳维亚和亚洲的迪士尼频道也进入筹办阶段（Wasko，20）。

为了推广全球化资本主义所倡导的团结家庭价值观，并在国际市场获取利润，迪士尼理所当然要寻找国际制作人和合作伙伴。《小小欧里的世界》应运而生，这部动画片是迪士尼频道和加拿大内尔瓦纳公司联合制作的，早在80年代，内尔瓦纳公司就已成为儿童电视制作领域的佼佼者。和其他加拿大公司一样，制作"高质量"儿童节目的内尔瓦纳，也是加拿大声望资本的获利者。事实上，加拿大以输出儿童电视节目蜚声世界（Ingrassia，20）。

加拿大公司之所以能在儿童节目制作领域取得成功，得益于产业的规范化、政府支持和社会价值观。我们在前文也讨论过，加拿大政府为儿童节目的制作投入资金。一项要求政府对儿童电视给予特别关注的法律于1994年生效，加拿大政府在财政上支持儿童节目制作，或许就是对这一法律的回应。这项法律禁止儿童节目把暴力作为解决问题的方法或者出现无须承担后果的暴力（Quill，A1）。所以，加拿大电视台撤下了美国节目，例如《忍者神龟》（*Teenage Mutant Ninja Turtles*）、《特种部队》（*GI Joe*）和《X战警》（*X-Men*），取而代之的是更加"积极向上的节目"，通常都是加拿大本国制作（或是国际联合制作）。加拿大广播公司（CBC）自1984年起就开始按照这一标准来执行（Bawden，E5），所以在亲社会的儿童节目制作上早已有所投入。实际上，到了1998年，加拿大广播公司每日早间都会播放三个半小时的儿童节目（早8点30分至12点）。按照加拿大广播公司工作人员的说法，这些儿童节目能够被选中播出，是因为它们反映了加拿大"作为一个和平国家的价值观和理想"（转引自McKay，F7）。这意味着已播出的儿童节目并不包含暴力内容，或者过度的推销行为。这种方式在国际上已被认可。根据多伦多儿童电视联盟的统计，截至1999年，加拿大的动画工作室已经为美国电视网制作了大约24部动画片，并将儿童节目出口到200个国家和地区（Regan，6）。

内尔瓦纳公司既壮大了加拿大的儿童电视产业，也是产业发展的受益者。80年代创立的内尔瓦纳公司在1983年面临财务危机，而1985年《爱心熊》的成功及时挽救了公司（Walmsley，54）。到了1991年，内尔瓦纳已成长为北美第三大动画公司，联合制作了《大象巴巴》（*Babar*）、《丁丁历险记》（*Tin Tin*）和《宝贝熊鲁柏》（*Rupert Bear*）等成功作品（Adilman，B1）。90年代，内尔瓦纳持续发展壮大，许多受儿童欢迎的儿童角色都被搬上银幕。90年代末期，内尔瓦纳将目标转向自创节目，减少为其他公司制作的订单。换句话说，内尔瓦纳想成为真正的节目制作者，同时拥有节目的销售和交易权利（Ebeling，166）。而恰在此时，美国的电视网急需有教育意义和信息性的儿童节目，以符合联邦通讯委员会每天播放三小时儿童节目的具体要求。

内尔瓦纳公司迎来了最好的机会——哥伦比亚广播公司向它伸出了橄榄枝，请内尔瓦纳公司负责1998—1999年度每周六整个早上的儿童节目。上一年度，哥伦比亚广播公司与美国的儿童电视工作室签订了类似的合同，但是收视率却不甚理想。儿童电视工作室的实景真人儿童节目并不受观众欢迎。有鉴于此，哥伦比亚广播公司希望内尔瓦纳公司在制作兼具教育性和娱乐性动画片方面的丰富经验，可以帮助提升收视率。此外，哥伦比亚广播公司对儿童节目的投入极少（每集大约1—2万美元，明显低于正常的动画片制作费）。因为内尔瓦纳公司和其他法国的联合制作方都可以获得政府的津贴和本国的交易费用，所以能够抵消部分成本（Schmuckler，5）。哥伦比亚广播公司和内尔瓦纳公司都强调两家公司之间合作的重要性。一位哥伦比亚广播公司的工作人员表示："随着节目发展，我们的合作会非常紧密。因为服务的目标相同，我们可以在市场营销和推广计划方面共同协作。"（Schneider，120）内尔瓦纳公司主席托佩尔·泰勒也同意这一说法："这份合同非常特别……我们是真正意义上的合作伙伴，从节目制作到收益分享，方方面面都是如此。"（转引自Schneider，120）

合作期间，内尔瓦纳扩张为一家能够自给自足的儿童娱乐公司。

内尔瓦纳买下了两家出版社——Kids Can 出版社和 Kultz 出版社，以及位于美国明尼苏达州明尼阿波利斯的 3D 动画工作室 Windlight。内尔瓦纳用 220 万美元买下了 Windlight 工作室——也就是《小小欧里的世界》的实际制作单位——为他们在多伦多建立电脑三维动画基地做好准备（Kelly，8）。作为一家以动画制作为优势的公司，内尔瓦纳在市场上享受充分的自主权。具体而言，内尔瓦纳可以在国际市场预售自己的作品，而不必先确定美国是否有电视台愿意购买和播出（Toper Taylor，33）。但是《小小欧里的世界》这种数字动画的制作费用不菲，如果没有美国播出方支持，内尔瓦纳公司也很难负担。据报道，威廉·乔伊斯既是欧里的创作者，同时也为迪士尼工作，内尔瓦纳公司不惜重金打造出欧里形象的样本，只求获得威廉·乔伊斯的首肯（Zahed，20）。内尔瓦纳公司还一反常态地把节目销售权交给迪士尼公司，迪士尼在整个项目中的重要性可见一斑（Ebeling，166）。很明显，内尔瓦纳公司需要制作一档既吻合迪士尼品牌形象，同时满足国际市场需求的节目（包括一起参与联合制作的法国制作方）。威廉·乔伊斯的诉求是制作一档孩子们看了不想杀死他的节目，迪士尼的兴趣则是"合家欢"，内尔瓦纳公司把两者结合，制作出《小小欧里的世界》，剧中的核心家庭就是终极社群，而作为家庭的一员，也需承担特定的权利和义务。

我们在前文已经提到，《小小欧里的世界》的主角是机器人小男孩欧里，他与母亲、父亲、爷爷、妹妹佐伊和小狗斯波特一起生活。他们生活在另一个星球，那里所有的物体都是圆形的、曲面的，而许多典型的无生命物体（如桌子和保龄球）都有眼睛，还可以自由移动（虽然它们很明显是一些静置不动的物体，供波利一家使用）。尽管《小小欧里的世界》中使用了先进的计算机技术来制作动画，但是节目的感觉却异常复古。爸爸外出工作，妈妈是全职太太，这个核心家庭既强大又结构分明。孩子服从父母，父母从不高声说话。剧中角色还喜欢用一些老式的措辞，例如"okey dokey"（好的）、"woopsie daisy"

128

（天啊）和"swell"（漂亮）。这种老式的风格也许会让观众有所期待，以为能够看到关注社群和社会责任的剧情。但事实上，《小小欧里的世界》和50年代的情景喜剧更加相近，并未走出核心家庭，极少离开家庭场景，对于如何成为一个社会的公民，《小小欧里的世界》传达的信息则十分有限，角度也很有意思。

129　　作为一部为学龄前儿童制作的动画片，《小小欧里的世界》中并未出现明显与政治公民相关的内容。但是按照白金汉姆的观点，作为社群一员的意义在《小小欧里的世界》中还是有所提及的，并且向观看者传达了强有力的信息，尤其是关于"权威、公平和争议、规范和法律以及权力与控制的概念"（177）。这些概念进一步阐释了迪士尼对于个人主义、诚实和责任感的意识形态。《小小欧里的世界》里的家庭，等级分化十分明显——波利先生和太太是家中的主导人物。对于谁处在领导地位，剧中没有任何质疑。在《妈妈今晚不在家》一集中（1999年播出；其实本集的关注的是爸爸和孩子们在妈妈不在家时做晚饭的过程——而非妈妈自己外出不在家的经历），爸爸和孩子们烤蛋糕却把家里搞得一团糟（而后听到了妻子开车回到家的声音），波利先生说，是时候收拾一下了，于是孩子们就开始收拾整理。毫无怨言，也不偷懒——只有帮助。

波利先生想起来，他必须要收拾干净，因为他向妻子承诺，不会搞得乱七八糟。剧中的责任感体现得十分明晰和坚定。既然自己承诺不会弄乱，就必须打扫干净。另外一集《超级小狗鱼》（播出于1998年）强调的是每个家庭成员对其他人的责任感。孩子们只顾着照顾欧里的鱼，却忽视了小狗斯波特的存在。当孩子们意识到狗比鱼更有趣的时候，小狗斯波特却跑掉了（虽然它还没跑出后院）。波利太太告诉孩子们："照顾宠物，不仅仅是饲养和换换水盆那么简单，还有很多事情要做。"孩子们很快意识到自己应该对斯波特负责。孩子们作为家庭成员，应该照顾斯波特，并把它视作家庭的一分子。所以，通过强调核心家庭里的责任和权利，孩子们也为成为公民做好了准备。尽管如

图 3.1

《小小欧里的世界》中，欧里和妹妹佐伊在照顾欧里的小鱼。（照片由 Photofest 提供）

此，《小小欧里的世界》对于公民在社群中的责任描述，却仅限于友善对待自己的朋友（例如新搬到镇上的邻居）。在剧中基本看不到任何社会行动和社会参与。[1]

经济公民身份在剧中也没有直接体现。波利一家衣食无忧。他们用家里现有的材料就能制作出一个 17 层巧克力蛋糕，而不用去商店或者考虑制作蛋糕的食材是否够用。妈妈作为全职太太，把家中打扫得井井有条，全家的收入都是靠爸爸。欧里有许多玩具可供玩耍。在《爱之虫》一集中（播出于 1998 年），欧里和他的朋友为了给新搬来的邻居宝莉留下深刻印象，和她一起玩各种游戏，所有的游戏都需要特定的玩具（例如弹簧单高跷或是篮球）。在结尾，欧里和他的朋友开始

130

---

[1] 但迪士尼频道动画片《大熊贝儿蓝色的家》在"9·11"事件后的几季里，主人公走出蓝色的家，融入林地山谷（Woodland Valley）的社群，并帮助重建被摧毁的图书馆，并提供各种社群服务，从文化角度看，这种方式可能会让节目在国际市场上遭受更多文化折扣。

比赛，看谁能为宝莉制作出更好看的"伤心日"卡片，争着向宝莉示好，反而忽略了宝莉。不管是特定的玩具，还是小鱼、小狗或是快速吸尘器——在《小小欧里的世界》中都是唾手可得、俯拾即是，有些东西已经被拟人化，和"人"一样是家庭的一部分。

在《小小欧里的世界》中，文化公民身份的养成也以家庭为主要载体。欧里有一位好朋友比利，因为是方形的所以显得与众不同。而对话也基本只发生在家庭成员之间。还是在《爱之虫》这集，欧里和比利都被爱之虫咬了，所以争相追求宝莉。有趣的是，两个男孩并没有花时间陪伴宝莉。相反，两个男孩一起玩耍，看谁能用弹簧单高跷跳得更高，或是谁能做出更好看的卡片，其乐融融。宝莉却被甩在一边。但宝莉也没有生气，只是告诉波利太太自己要回家了。波利太太说，这些男孩子真是"傻"，希望宝莉能够给他们时间，随后把她送出门。在回家路上，下班回家的波利先生从宝莉身边路过。虫咬的效用已褪，此时两个男孩也发现宝莉已经离开，于是继续出门玩耍。宝莉就这样悄无声息地离开，对于自己的感受或者欧里作为好邻居应负的责任只字未提。

也许观众对于宝莉的待遇早已司空见惯，因为在《小小欧里的世界》中，女孩和女人的地位就是如此。欧里的妈妈要照顾整个家庭和房屋，而这一家人总带有《唐娜·里德秀》（*The Donna Reed Show*）的怀旧气息。妈妈经常出现在厨房里，忙着做饭和打扫。尽管她在《妈妈今晚不在家》一集中出去打保龄球了，但剧情的焦点依然是屋内的家庭活动，爸爸和孩子们都在等着她回家，这才是她归属的地方。在整部动画片中，台词最多的女性角色是欧里的妹妹佐伊。大约两岁的佐伊常常以"破坏王"的身份出现，因为她实在太想和哥哥一起玩。但是和妈妈一样，佐伊也很少离开家（但波利先生会外出工作，欧里会离开家去学校上学）。佐伊的人物设定虽然被接受（两岁的淘气包），但她的活泼却经常打破家中的平静。剧中，女孩在家中的角色限制了她们文化公民的意识。同样地，宝莉作为外人，根本没有话语权来表达自己的感受。她接受了"自己不适合这里"，然后就离开了。波利家缺乏包容性，并不意味着你要自己玩——而是你要离开。

迪士尼频道倡导"关注家庭"，所以《小小欧里的世界》给家庭赋予权利的同时，也从某种程度上孤立了家庭。剧中的公民身份，其实是家庭型公民。虽然有权利和义务，但这些都存在于核心家庭里。对于波利家以外的世界，剧中几乎没有任何提及（尽管有几集出现了欧里在学校的画面）。毫无疑问，国际联合制作支持了这种"小格局公民身份"。具体的外界地点、社群结构或者公共事件在剧中不复存在，保证了动画片能够在加拿大、法国和美国，以及任何一个希望倒退回波利镇时期的国家受到欢迎。

地球公民：生活在《芝麻街》

国际联合制作的《芝麻街》为孩子们提供了一个可以"去"的地方——在这里，他们开始塑造自己的人格，认知自己在世界中的角色。这部剧集在墨西哥制作完成，由墨西哥 Televisa 媒体集团和美国的儿童电视工作室[1] 共同制作，自 1995 年开始在美国播出。《芝麻街》让拉丁裔儿童有机会在电视上看到说着西班牙语的大人和孩子，提线木偶们一起工作、玩耍，在公民意识培养上有巨大潜力。尽管如此，为拉美观众打造的国际联合制作版《芝麻街》在美国播出，向美国儿童赋予了怎样的社会权利和义务，值得我们仔细研究。

20 世纪 60 年代末，《芝麻街》第一次在电视上播出，并没有人考虑过在国际市场发行。因为《芝麻街》是一档为美国学龄前儿童设计的节目，目的是传授基本的阅读和算术技巧。但很快，很多国际电视机构都表示有意引进《芝麻街》，用麦克·丹（Michael Dann）在《纽

---

[1] 儿童电视工作室于2000年更名为芝麻街工作室。本书继续使用儿童电视工作室这个名称，因为我们研究的这一时期工作室还没有更名。

约时报》上的话说，《芝麻街》这一电视作品的流行"令人高兴又意外"（D13）。麦克·丹发现，"我们中很多人都在寻找的麦克卢汉的'地球村'，竟然是一群学龄前儿童组成的。"（D13）但其他人对《芝麻街》的教育意义和国际发行并不持乐观态度。一些批评认为，《芝麻街》强迫美国以外的儿童接受美式价值观和美国文化。换句话说，《芝麻街》被视为文化帝国主义的工具。为了回应批评，同时扩大《芝麻街》的潜在影响力，儿童电视工作室开始与其他国家的公司联合制作不同版本的《芝麻街》。第一批外语版的《芝麻街》——法语、葡萄牙语和德语——试图针对外国市场的特定教育需求而制作。虽然在形式和教育目的上照搬美国的《芝麻街》，但这些本土化的版本可以更好地体现本国或本地区的文化价值和理想。这些最初的国际联合制作版《芝麻街》，创作动机是为了避免文化帝国主义（或者至少是控诉文化帝国主义）。正如一组儿童电视工作室的成员所说，"向其他国家出口电视节目，不可避免会造成电视节目在全世界的同质化。但是我们的工作却恰恰相反——鼓励节目的多样性，以满足不同国家小朋友的需求和兴趣。"（Edward Palmer et al.，122）[1]

　　事实上，《芝麻街》是儿童电视工作室的第一步国际联合制作作品，现在，他们已经参与制作了 21 个不同语言版本的《芝麻街》。1972 年，儿童电视工作室和墨西哥 Televisa 媒体集团召集了许多教育工作者和学者，共同探讨拉美地区学龄儿童的具体需求，以及如何运用《芝麻街》的形式来满足这些需求。重要的是，尽管 Televisa 集团在联合制作中的地位举足轻重，但创始团队里并不都是墨西哥人。团队成员来自阿根廷、哥伦比亚、委内瑞拉，以及后来的哥斯达黎加、智利、秘鲁、巴拿马和玻利维亚，可见这一版本的《芝麻街》意在覆

---

　　[1]　希瑟·亨德肖特（Heather Hendershot）认为，虽然国际联合制作试图满足不同国家的观众，但是这些节目还是有文化帝国主义倾向——把特定形式的国际联合制作强行认定为"高质量"教育类电视节目的标准（1998, 170-171）。

盖整个拉美地区的观众（Diaz-Guerrero et al., 7）。实际上，儿童电视工作室早期的研究表明，拉美地区的国家更倾向于把各国资源整合在一起制作出一档节目，而非各自单独制作（Edward Palmer et al., 112）。1972 年，国际联合制作版《芝麻街》在墨西哥播出（Televisa 旗下的四个商业电视台之一），提供赞助的富士施乐集团（Xerox Corporation）出现在片头（Edward Palmer et al., 112）。哥伦比亚、厄瓜多尔和委内瑞拉的电视台也计划播出这一版本的《芝麻街》。截至 2006 年，Televisa 集团和儿童电视工作室（也就是后来的芝麻街工作室）累计制作了 10 季《芝麻街》（还有三季已在筹备中），行销 17 个 134 拉丁美洲国家和波多黎各，现在，美国也开始播出这一版本。

1973 年的《芝麻街》第二季，一半内容由 Televisa 创作，另一半则来自儿童电视工作室的脚本。美国版的"老面孔"也迎来新朋友，角色活动的地点也变成了拉美观众更熟悉的小镇广场。此外，制作方还专门为拉美地区的儿童量身定做了一些具有教育性的内容。例如，美国版的《芝麻街》注重教授字母，而拉美版更重视完整的单词（更加贴近拉美地区的阅读技巧讲授方式）。拉美版《芝麻街》强调逻辑推理和解决问题，还包括了培养拉美儿童自尊心的内容。节目还阐述了卫生和清洁的重要性（Meislin, C17）。但罗杰里奥·迪亚兹－格雷罗（Rogelio Diaz-Guerrero）等认为："虽然从家庭层面看，拉美家庭比传统美国家庭更加亲密和互相关爱，但是拉美社会的问题之一就是缺乏社群层面的合作。"（9）所以，剧中的部分内容明确支持社群合作以及成为社群一员；亦即成为一名好公民。

国际联合制作的拉美版《芝麻街》第二季直到 1983 年才播出，与第一季相隔 10 年之久。[1] 本季由 130 集组成，每集时长半小时，耗资

---

[1] 第一季和第二季之间的间隔如此之长，原因之一就是要完成儿童电视工作室的所有研究项目和测试，为栏目确定课程安排。这些成本，外加儿童电视工作室确立的制作标准——任何版本的《芝麻街》都不允许广告出现（即使在商业电视台播放也不行），让许多制作方都颇感为难（Herdershot, 1998, 164-175）。

350万美元，在拉丁美洲的 17 个国家及波多黎各发行（Meislin，C17）。研究表明，第二季着重关心的是家庭和性别议题，传授阅读技巧的比例下降。Televisa 也注意到了这一版《芝麻街》与美国版的显著不同，一位工作人员表示："我们想要呈现的'芝麻街'，并不是每天都阳光明媚的。"（Meislin，C17）Televisa 还邀请了拉美各国的演员用不同的口音献声，以避免观众将《芝麻街》与某个特定国家联系在一起。值得注意的是，这一版本的《芝麻街》使用了"通用西班牙语"，而非特定方言口语（Diaz-Guerrero et al.，10）。可口可乐公司和联合国儿童基金会（UNICEF）最早赞助了《芝麻街》在整个拉美地区的播出（Meislin，C17）。赞助一直持续到 90 年代中期的第四季。在这一季，一些提线木偶进行了"修饰"（例如改变颜色），也加入了新的场景。在专门为这一版《芝麻街》新加入的角色中，有一个是大鹦鹉阿韦拉多，他是大鸟（Big Bird）的表弟，通体覆盖着明艳的绿色羽毛，尾巴颜色繁多，头部红色和粉色交织，喙则是黄色；罗拉是一个活泼的女孩，和美国版里的艾摩一样用第三人称对自己说话；还有忧郁的潘丘，角色设定和美国版里的奥斯卡类似，但是不像奥斯卡那样忧郁过度。此外，为了让孩子们认识到拉美地区文化的多样性，节目中还加入了实景真人环节，拍摄地包括秘鲁、阿根廷、玻利维亚和哥伦比亚。后来，节目制作人意识到那些移民到美国的拉美儿童也是节目的受众。如今，这一版《芝麻街》在美国播出，也印证了这一点。

1995 年 4 月，国际联合制作的拉美版《芝麻街》第四季开播，美国的西语电视巨头 Univision 集团也开始在迈阿密、洛杉矶和达拉斯的电视台试播《芝麻街》，周一到周五每天早晨 7 点 30 分播出。公共电视台也选择了这三个地方，在周末早晨播出拉美版《芝麻街》。1995 年 12 月，Univision 集团为旗下另外 11 家电视台都购买了拉美版《芝麻街》的播放权，公共电视网的相关频道也都可以播出这档节目。Univision 集团旗下洛杉矶频道的总经理对播出这一版《芝麻街》表示非常兴奋，"国际联合制作的拉美版《芝麻街》真的是第一部高水平的西班牙语儿童节目。"（转引自 Patton，B5）2000 年，Univision 集团把这一版本的《芝麻街》转移到旗下新成立的专门为西语青年市场打造的电视网 TeleFutura 播出。根据报道，截至 2004 年，国际联合制作的西语版《芝麻街》已经走进了美国 84% 的西语家庭（Castleman，57）。此外，至少在一地的播出市场，这一版本的《芝麻街》是在一档教育节目之后播出的——节目中为英语为母语的大人和孩子说明了学习西语的重要性。Univision 把这一版本的《芝麻街》带入美国市场，其功劳不亚于制作方儿童电视工作室和墨西哥的 Televisa 媒体集团。通过探究这些机构，我们可以更加明确《芝麻街》在塑造儿童公民身份时的产业、文化和经济动机。

美国的儿童电视工作室（后更名为芝麻街工作室）是电视行业最受尊敬的机构之一。儿童电视工作室收获的赞誉如潮——虽然公共资助不断减少，儿童电视工作室不仅坚持为孩子们提供寓教于乐的儿童节目，并且这一非营利机构能始终保持资金独立。因为联邦拨款减少，儿童电视工作室不得不承担起更多的开销。虽然《芝麻街》海外版的走红最初可能只是个"意外"，但很快就变成了经费上的必需——在美国和海外销售玩具、衣服和其他《芝麻街》衍生品来获利。

早在 1982 年，儿童电视工作室的一位发言人就承认，"其实是海外版《芝麻街》和特许商品经营的收入在支持着美国版的制作。"（Fraser，TG3）最近，芝麻街工作室（即更名后的儿童电视工作室）负责全球发行的副总监宣布，拉美版《芝麻街》获得了三季的续订，"我们的目标是，在重要播出伙伴和联合制作方的支持下，开拓综合性的商业格局，不断扩展品牌内涵。"（转引自 Sutter，12）这样的发言实则模糊了品牌内涵——也许依然是教育儿童，但是却说得云山雾罩，一副典型的商业辞令。而《芝麻街》这一品牌，连同其销售和特许经营，似乎比品牌的教育内涵更加重要。但即便如此，儿童电视工作室对《芝麻街》来说还是至关重要——不仅为《芝麻街》提供声望资本，还有更关键的制作技巧。例如，儿童电视工作室就为拉美版《芝麻街》

提供了自己宝贵的素材库，还贡献了大量关于教育性电视的研究成果。此外，正是儿童电视工作室创造了最初的《芝麻街》品牌——"高质量"节目的代名词，同时激发了强大的市场营销机制——周边产品销路紧俏，亦促使观众继续关注美国版和拉美版的《芝麻街》节目和录影带。

　　如果说儿童电视工作室为拉美版《芝麻街》的教育性提供了保证，那 Televisa 则充分保证了节目的本土性。瑞亚·博尔哈（Rhea Borja）这样认为："当墨西哥在 1973 年第一次播出拉美版《芝麻街》时，人们都认为此举是强迫墨西哥儿童接受美国文化。"（8）但是，儿童电视工作室的一位内容顾问解释道："人们后来意识到，这一版本的《芝麻街》是在墨西哥制作的，由墨西哥的制作人和教育专家共同完成。"（Borja，8）节目制作地在拉美，又是由拉美本土公司制作，赋予了《芝麻街》文化合法性（不管是否应得）。尽管亨德肖特认为各个版本的《芝麻街》——不管使用何种语言和联合制作方式——都是美国在
137　海外制作的版本而已（1998，186），但至少在美国，国际联合制作的西语版《芝麻街》被视为拉美节目。这样来看，拉美版《芝麻街》的功能类似我们在第二章讨论过的进口英国节目，利用节目与原国家的联系，提升自身价值。Televisa 媒体集团深度参与拉美版《芝麻街》，无疑提升了节目的品牌价值。

　　在拉丁美洲，Televisa 必须努力让拉美版《芝麻街》在墨西哥本土和其他拉美国家都受到欢迎。到了 80 年代，Televisa 更加重视节目的出口，而恰在此时，如亚美利加·罗德里格斯（America Rodriguez）所说，美国的西语节目市场"已经建立却又被重构，成为一个全国性泛民族的少数派"（369）。1983 年，可口可乐公司赞助播出了当季的拉美版《芝麻街》，标志着赞助商对于西语市场的兴趣日渐浓厚。更重要的是，Televisa 关注节目出口时恰逢墨西哥国内经济衰退，Televisa 需要通过出口节目来维持自身运营。约翰·辛克莱尔（John Sinclair）记录了当时的情况："Televisa 采取了这样的策略……就是减少节目进

口，增加节目出口，而这正是 20 世纪六七十年代媒介依赖或帝国主义的讽刺反转：美国出口节目是因为在世界市场中表现强势，而 Televisa 出口节目却是因为经济疲软。"（1990）

　　Univision 集团尽管不是拉美版《芝麻街》的制作方，但却是把此版《芝麻街》带给生活在美国的拉美儿童的重要渠道。当时，许多美国公共电视网（PBS）旗下的频道都试图把拉美版《芝麻街》归类为少数民族节目，把它和其他西语节目放在清晨时间播出，Univision 却花大力气推广这一版本的《芝麻街》。此版《芝麻街》第一季在美国首播时，Univision 就给儿童电视工作室提供了 7500 万美元，用于制作支持类的产品向观众发放（"La Promesa Programs/New York"）。这些小册子告诉父母如何以"参与式和互动式的方法"与孩子讨论《芝麻街》中的内容（"La Promesa Programs/New York"）。通过制作这些教育性的材料，Univision 为西语版《芝麻街》在美国的播出做足了宣传攻势，鼓励观众多多收看。当然，潜在的高收视率也是 Univision 选择拉美版《芝麻街》的原因；不过这档节目在其他方面也非常符合 Univision 的商业和市场战略。

　　首先，Televisa 媒体集团曾掌握 Univision 的部分股权，而 Univision 对 Televisa 在美国的所有节目都有优先决定权，这样的关系一直持续到最近。因此，Univision 可以轻松获得拉美版《芝麻街》的播出权，同时享受合理的价格。此外，如达维拉所述，Univision 与其他电视台一道，坚持开发美国的西语电视市场（62）。Univison 的主要目标之一就是把各国观众联系在一起，避免国籍把西语观众区分开来。普遍意义上的"西语"观众当然与拉美版《芝麻街》的制作策略不谋而合，也让 Univision 能够继续向广告商推广西语观众这一概念——连年轻的观众也算在内。实际上，Univision 把拉美版《芝麻街》转移到旗下为青少年新成立的电视网 TeleFutura 播出，就是为了按年龄细分观众群体，而非按照国籍。最后，Univision 对于拉美版《芝麻街》的青睐，其实源于广告商对于节目的兴趣，亦即对西语观众这一市场的兴趣。Univision 洛杉矶频道的总经理奥古斯丁·马丁内兹（Augustin Martinez）在拉美版《芝麻街》播出时说："节目在播出时保证完整，不会被商业广告打断，但是，节目之间的衔接时段可以灵活使用，这也是我们选择《芝麻街》来播出的原因。"（转引自 Freeman，1995，6）例如，汉堡王（Burger King）就想在拉美版《芝麻街》节目前后的四分钟里占据"重要位置"，也许是为了和麦当劳在美国公共电视网（PBS）赞助《芝麻街》的争议之举相抗衡（Freeman，1995，6）。拉美版《芝麻街》在 Univison 播出后大获成功。据儿童电视工作室负责美洲区销售、市场和播出权的副总裁卡罗尔·波斯特尔（Carole Postal）介绍，拉美版《芝麻街》在全国播放的第一周，就成为了 Univision 收视率最高的儿童节目（66）。

拉美版《芝麻街》在美国的成功，大大激励了节目的制作方。美国的西语观众市场扩大，广告商和电视台也意识到了西语观众的重要性。尽管对西语市场的兴趣并不新奇，但 1990 年的人口普查表明，拉丁裔人口是美国数量增长最快的少数族裔（Deitz，32）。90 年代中期，洛杉矶县内 2—11 岁的儿童中，超过 49% 是拉丁族裔（Postal，66）。另外还有研究表明，拉丁裔美国人对品牌十分忠诚，并且比非拉丁裔更愿意在孩子身上花钱（Castleman，57）。当然，早在 90 年代初期，泛种族的西语观众群就已经在美国形成，成为重要的细分市场。Televisa 当然想从这块市场中获利，其实，Televisa 早在 60 年代就已经意识到美国西语观众的重要性，这也是它成立 Univision 电视台的原因。同时，儿童电视工作室也把逐渐壮大的拉丁裔社群当作新的利润来源。1996 年，波斯特尔在《玩具》（*Playthings*）中写道：

> 在儿童电视工作室，我们把拉美版《芝麻街》及其特许产品带到了之前从未开发过的市场。我们早期的发展计划是用拉美版《芝麻街》特有的商品来填补市场空白。当然，当我们慢慢让观众留意到节目和新角色时，我们开始相信在拉美市场之外，还有大

量交叉机会……西语观众这一蓬勃发展的市场从未被开发，却反响良好，让我们有理由期待产品在美国和其他地区实现自然增长，所有孩子在选择学习英语和西语的工具时，《芝麻街》都能占据一定份额。（66）

这种前途未卜的"交叉"自2004年起步，儿童电视工作室开始在美国的西尔斯百货（Sears）、杰西潘尼百货（JCPenney）和莫文斯百货（Mervyns）等百货公司的分店发售拉美版《芝麻街》的周边产品，覆盖那些"面对拉丁裔市场的门店"（Castleman，57）。此时，芝麻街工作室的市场部总监海瑟·汉森（Heather Hanssen）表示："对我们来说，拉美版《芝麻街》这一品牌，让我们得以接近拉丁裔消费者。我们针对这些产品，会有大动作。"（转引自Cipolla，4）

拉美版《芝麻街》对于"拉丁裔消费者"的关注，其实已经告诉我们，这一版本的《芝麻街》和其他儿童节目别无二致，都是把儿童当作了消费者——而非公民。但我们也不能忽视拉美版《芝麻街》的贡献——让拉丁裔儿童可以一瞥自己所生活的世界——在这个世界，说西班牙语并非"与众不同"，或者如最近的美国法律所倡导的，说西语并非"错误"。此外，拉美版《芝麻街》和美国版《芝麻街》都关注为儿童教授基本知识，至少介绍了孩子们所处的庞大世界，也描述了身边情景。拉美版《芝麻街》的内容就意在培养西语学龄前儿童的政治公民和文化公民身份。所以，我们必须要深入了解这些内容。但首先，我们还是来简单了解一下现有的西语儿童节目。

芭芭拉·富兰克林（Barbara Franklin）对美国儿童电视节目中拉丁裔人群的再现进行了考察，她发现，"电视对于种族的刻画，不论是好是坏，公平与否，影响的都是那些已处在弱势地位的孩子们。"（104）芭芭拉·富兰克林认为，在这种形势下，拉丁裔儿童极为弱势，因为他们"在社会中永远都处于不利地位，每天都面对社会对他们自尊的种种挑战。如果电视上对于拉丁族裔的刻画也是负面的，如果他们缺少……被重视和被尊重的感觉，那拉丁裔儿童要承受的就是双重的伤害。"（Franklin, 104）芭芭拉·富兰克林通过广泛的研究，做出了总结——电视对于拉丁族裔文化和人物的再现，其实非常有限。尽管越来越多的节目中出现了拉丁裔人物，但这些角色代表的却是民族同化主义者——虽然它们是拉丁裔无误，但身上却没有半点"文化印记"（Franklin, 337）。或者，拉丁裔的特性被视为肤浅的"标签"，而没有历史或者对文化的深刻理解作为支持（Franklin, 337）。例如，在动画片《爱冒险的朵拉》（*Dora, The Explorer*）中，拉丁文化彻底沦为一堆空洞的标签，例如口音、姓名、音乐和食物，真正的拉丁文化从未被解释或说明。

当然，也有一些儿童节目为深刻再现拉丁裔族群做出了努力。曾经有一部更早的地区性节目《卡拉斯科伦达斯》（*Carrascolendas*）就是为生活在德克萨斯州的墨西哥裔美国儿童摄制的。《卡拉斯科伦达斯》首播于70年代初期，和《芝麻街》类似，也是由小故事、具有教育性的课程内容和木偶串联起来，故事发生在德克萨斯州南部一个虚构的小镇（Williams and Natalicio, 301）。弗雷德里克·威廉姆斯（Frederick Williams）和戴安娜·娜塔莉乔（Diana Natalicio）的研究表明，"《卡拉斯科伦达斯》不仅为墨西哥裔美国儿童再现了自身和自己的族裔，同时从教育角度看，也直接满足了这些孩子的需求和态度。"（308）因为受众的局限性，《卡拉斯科伦达斯》没有实现自己的既定目标——在美国公共电视网发行，这并不奇怪；但我们必须意识到，为满足美国双语儿童的特定需求和兴趣而制作一档节目，其重要性不言而喻。

美国版的《芝麻街》旨在"告知差异，同时强调共通经验"（Mandel, 9）。按照心理学家切斯特·皮尔斯（Chester Pierce）的说法，《芝麻街》"让孩子们成为'地球公民'，与其他人和谐相处，并具备'更广阔的全球视野'"（转引自Mandel, 12）。例如，自1990年开始，《芝麻街》将为期四年的民族关系教育纳入节目。每年，《芝麻街》都会关注一个特定的族群（非裔美国人、印第安人、拉丁裔美国人和亚裔美国人），并且告诉观众"这些肤色、发质和眼睛形状不同的人，可以成为好朋友"（Lowe，32）。因为《芝麻街》面向的是全国观众，所以在节目中，种族之间的差异通常用于体现不同族群的共同点，而非探询这些差异的意义和影响。虽然观众乐于看到《芝麻街》中出现拉丁裔人物，但是节目却极少从培养文化公民的角度与拉丁裔角色对话，或者为他们发声。[1]

根据达维拉的研究，面向拉丁裔观众的节目是特地从拉美地区进口的（14）。虽然拉美版的《芝麻街》确属此类，但其国际联合制作的背景却让归类复杂起来。美国的儿童电视工作室深度参与，严苛地要求《芝麻街》传达主流的资本主义价值观和理想，把资本主义对于教育和公民身份的想法强加在作品身上。同时，儿童电视工作室坚称自己参与的联合制作满足了当地文化的需求，但其实，儿童电视工作室的做法阻碍了拉美版《芝麻街》与拉丁裔青少年产生共鸣。

拉美版《芝麻街》中的政治公民意识，和绝大多数的儿童节目一样（如我们上文所讨论），并不是直接介绍政治活动（如选举或政府机构）。即使有这样的期望，拉美版《芝麻街》也不可能满足泛种族的西语观众群的政治意识诉求。但归根到底，如许多学者所言，"拉丁裔"人口本身就是极为多样的。拉丁裔人口分布在美国各处，他们的种族、阶级、语言、性别各不相同，虽然要争取更多观众，但也无法一一满足（Obler，1）。所以，拉美版《芝麻街》选择了和《小小欧里的世界》相同的路径，教给孩子们如何与社群成员和睦相处以及如何对他人负责的"通用知识"。但是当类似问题出现时，美国版《芝麻街》总是向大人吸取经验，而拉美版《芝麻街》却限制了相关的对话和教育内容。

142

---

[1] 罗西达这一角色当然是拉丁裔女性的有趣再现。但是按芭芭拉·富兰克林所说，罗西达正是因为与拉丁文化紧密联系，才使自己成为节目中的边缘角色，戏份无足轻重，例如介绍"今日西语单词"之类的角色（267）。

为数不多的木偶和真人角色经常一起出现，比如一起看电视、唱歌、跳舞和坐公共汽车。有趣的是，在拉美版《芝麻街》里，剧中角色与较大型群体相处的时间更长，与小团体的相处时间较短，也许就是为了强调群体的重要性（而非只关注封闭的小家庭），这也是《芝麻街》早期版本的初衷。不仅如此，为了教会孩子们解决问题，拉美版《芝麻街》经常安排角色向他人提问，并且获得帮助。例如，阿韦拉多看到一张纸条从天而降。可他不会读，所以找卡门来帮忙。卡门告诉阿韦拉多，纸条上的话是"扔干草"。卡门虽不明就里，也没有离开，而是向巴勃罗提问；巴勃罗随后又询问了潘丘。潘丘明白了纸条的意思，在地上铺了厚厚的干草，此时，另一角色背着降落伞从天而降，正好落在了干草堆上。这一次的团队合作，每个人都完成了自己的使命，体现出归属于群体的重要性，以及个人在群体中应当肩负起帮助他人的责任。

图 3.2

拉美版《芝麻街》中，孩子们在一起学习。（照片由 Photofest 提供）

拉美版《芝麻街》不仅承认了拉丁裔儿童作为重要消费者的社会地位，也从表面认可了拉丁裔儿童的经济公民身份。美国版和拉美版《芝麻街》都没有花钱的场景，但是拉美版《芝麻街》的部分场景已经离开了童话般的街道，进入了现实生活中的市场。虽然钱还是没有出现，但人们买东西的真实场所得以再现，至少承认了消费主义社会的存在，而人们正是在物欲横流的世界中工作和消费。还有一集格外有趣，一个小男孩介绍自己如何制作小汽车模型。男孩的身影与通用汽车公司拉美工厂里工人组装真车的场景不断切换。虽然此举定非有意，但小男孩的叙述似乎神秘地预见了自己的未来——在美国公司的工厂里当廉价劳动力，美国公司再把这些产品运往海外。通过这种场景，以及让"蓝领"工人以真人的形式出现在剧中（美国版《芝麻街》里是没有真人的），拉美版《芝麻街》强调体力劳动者值得尊敬，以及努力工作的重要性。从某种程度上说，拉美版《芝麻街》不仅教育拉美儿童，也为帮助他们为将来的工人阶级生活做好准备。而这样的信息对于生活在美国的拉丁裔儿童来说可能会有些怪异，因为他们都被这样的信息轰炸——要向上层阶级流动，当工人阶级也不光彩。

143

　　对于工人阶级地位的接纳，也是拉美版《芝麻街》向拉丁裔儿童传达的文化公民身份。很明显，对于美国儿童来说，拉美版《芝麻街》的包容性——对拉丁裔人口的刻画，对拉美成人、儿童和木偶的尊重——确保了一部分文化公民身份。拉美版《芝麻街》中，包含了许多儿童一起唱歌跳舞的场景（至少每集中都有一次，有一些传统游戏是通过唱歌跳舞完成），数量比美国版《芝麻街》要多很多。当拉丁裔儿童看到这么多和自己一样说着西语的孩子（出现在海滩、公园和公共汽车上），他们的信心也有所增强。但是，在赋予儿童文化身份的角度，还是有两项明显的分歧。第一，节目中使用的"中立"西班牙语。罗斯·K.高森（Rose K. Goldsen）和阿兹瑞尔·比布里奥维茨（Azriel Bibliowicz）在1976年就已发现，"没有哪种语言是可以脱离文化单独存在的。语言不是传达文化。语言就是文化。"（124）通过消弭所有拉

144

美地区儿童和美国拉丁裔儿童语言上的文化差异，拉美版《芝麻街》也限制了一部分人文化公民身份的实现，尤其是那些能说和理解标准西语的上层阶级儿童。对于这些说着标准西语的儿童来说，拉美版《芝麻街》里出现的西语并未让他们感觉更好，而是让他们觉得自己可能"说错了"（Dávila，167）。第二项质疑则是针对节目是否能真正赋予儿童文化公民身份，因为拉美版《芝麻街》其实是为拉美地区的孩子们创作的，主人公也都来自拉美，对于生活在美国的拉丁裔儿童，他们的生活经历和话语权在节目中难觅踪影（Dávila，162）。不仅如此，因为节目需要走向更多的国际观众，拉美版《芝麻街》就会像达维拉所说的其他西语栏目一样，"以'普遍相似'之名，完全消除和排斥拉美裔子群体内部和子群体之间的文化差异。"（163）这样一来，尽管节目为拉丁裔观众提供了文化公民身份，但是这种文化却是一种全新的"拉丁通用文化"。罗德里格斯将这一过程称为"先去国籍化，再从'拉丁美国'这一社会建构重获国籍"（371）。为了方便节目出口，拉美版《芝麻街》选择了"去本土化"，通过去除国家与文化的联系，弱化了文化公民身份对于西语观众的意义。剩下的不过是"清洗"后只能依附（官方）语言存在的泛民族拉丁文化，同时，"这一清洗过程

145　把美国的拉丁裔人口降低为消费者，而不是拉丁文化的创造者"（Dávila，163）。

　　所以我们不难发现，尽管拉美版《芝麻街》试图向小观众们传播公民身份意识，但节目对国际市场的迎合无疑限制了这些意识的传达。为了迎合国际观众，拉美版《芝麻街》和《小小欧里的世界》一样，必须做出妥协。像拉美版《芝麻街》这样的节目，如果可以减少对国际市场的迎合，增加更多教育内容，也许能够更好地推广公民身份意识。但是，节目的首要需求就是与拉美观众对话，限制了节目赋予拉美儿童公民身份的功能，而拉美儿童的生活和文化又与其他地区明显不同。和拉美版《芝麻街》一样，《小小欧里的世界》对差异的展现也十分有限。所以，《小小欧里的世界》为了同时符合国际市场要求和迪

士尼倡导的意识形态，不得不以牺牲个性为代价，推崇家庭结构。由此可见，不管是拉美版《芝麻街》还是《小小欧里的世界》，各国制作人的初衷都是为附属产品开拓市场。这样看来，我们开始相信消费公民身份确实是不可避免，也实属必需。作为全球化的先驱，国际联合制作为推广这种公民身份，明确地示范了一个生产模型。

第四章

真相全球化：为全世界制作的纪录片

电视可以把观众当作公民来教育，也可塑造观众对于公民意识的观念，电视的这种能力被纪录片展示得淋漓尽致。正如大卫·霍加斯（David Hogarth）所解释，全球化的电视具有"记录对全世界公民都共同重要的地点和事件"的潜力（2）。国际联合制作的协作方式和发行技巧，为纪录片提供了特殊契机。所以，作为全球化电视的一种特殊形式，国际联合制作向国际观众展示世界的方式，值得我们深入探究。

影视纪录片虽已被广泛研究，但研究路径却大致相似。关于纪录片电影的书籍大多从罗伯特·弗拉哈迪（Robert Flaherty）和约翰·格里尔逊（John Grierson）写起，探索纪录片启迪观众了解世界的功能。最近的此类研究涵盖了电视纪录片，尤其是 20 世纪 80 年代以来的纪录片，研究者的态度倾向于剔除这些"艺术水平有限，真实性有时也存在疑问"的节目（Ellis and McLane，294）。同样的情形也出现在电视纪录片研究领域，这一领域最近才兴起，也相对小众。电视纪录片的研究者关注的是节目背后的资金支持——跨国大型企业集团，研究者们也由此得出结论，这些电视纪录片其实是跨国大企业的产品。这些研究者虽然意识到国际市场对于电视纪录片制作的意义，但是，对于当代纪录片制作和制作过程中所创造的文化这两者的关系，研究者却并未深究。在本章中，我们将从国际联合制作的视角关注电视纪录片，探讨此类电视纪录片的理论基础及其所传达的主题、意识形态和文化内涵。国际联合制作为特定的利基频道拍摄电视纪录片，为了迎合国际观众，节目必须反映特定内容，而这些内容都是为了让公民继续支持商业资本主义。

在本章中，我们首先会研究美国电视纪录片与国际市场的关系，随后探讨这些电视纪录片认识论上的问题。我们会选择两个案例来研究：1998 年在历史频道（The History Channel）播出，由 A&E 电视台和英国广播公司（BBC）联合制作的《纳粹警示录》（*The Nazis: A Warning From History*），以及 2000 年探索频道（The Discovery Channel）与英国广播公司联合制作的《耶稣基督：真实的故事》（*Jesus: The Complete Story*）。

新电视环境下的纪录片

尽管纪录片节目最初是教育类电视台的专长，但自 20 世纪 60 年代，美国的三大电视网制作的电视纪录片大幅增加。迈克尔·科丁（Michael Curtin）解释说，当时的三大电视网承受着来自各方的压力。联邦通讯委员会（FCC）对电视产业的调查，美国政府的政治施压，以及当时的电视市场情况——各大电视网发展面临瓶颈，迫切需要制作特定社会议题和政治议题的纪录片。纪录片具有较高的文化价值，尤其是那些聚焦社会和政治议题的，让电视网可以有力地辩白——电视并不是巨大的文化荒漠（Curtin，82）。纪录片的声望颇高，对于电视网在欧洲的销售也有助益，也为电视网在辛迪加市场占据重要一席（Curtin，72）。社会和政治主题的纪录片提升了美国电视节目的整体形象，不再仅仅是被性和暴力充斥的节目，也让欧洲的电视台有理由选择美国电视节目来进口（Curtin，82）。最后，这些纪录片让电视网能够满足美国政府的要求——在海外传播对美国有利的信息（Curtin，88）。科丁解释说，电视被看作"重要的媒介，帮助文盲人口了解自己部落、习俗和传统以外的世界"（80）。电视被视为帮助"欠发达"国家实现现代化的工具之一。不仅如此，全球化电视还被寄予厚望，力求让自由世界国家都选择亲美的意识形态。例如，哥伦比亚广播公司

(CBS) 1961 年拍摄的《巴西：猛然觉醒》(*Brazil: The Rude Awakening*) 和全国广播公司 (NBC) 同年拍摄的《安哥拉：战争之路》(*Angola: Journey to War*) 等纪录片，在冷战期间就被视为与潜在盟友交流的利器。所以，20 世纪 60 年代电视纪录片的内容，很大程度取决于纪录片在国际市场的功能及其来源国。美国的电视纪录片之所以选择政治和社会议题，是为了向海外观众推广美国梦和现代化发展。

但是，电视网对于纪录片制作的兴趣并未持续多久。到了 20 世纪 70 年代，来自各方的压力有所减少，电视网重回娱乐轨道。当时刚刚成立的美国公共电视网 (PBS) 选择接棒，继续制作电视纪录片。当时的美国公共电视网常常要从海外购买纪录片，或者与国际伙伴联合制作电视纪录片。美国公共电视网一直在电视纪录片制作领域占据主导地位，直到 20 世纪 80 年代，美国电视台播出的纪录片数量才受到严格的限制。根据《综艺》(*Variety*) 的报道，一位纪录片制作人把当时的美国市场形容为"异常惨烈"("Docu Firm Stretching Out with Fiction Coproductions"，117)。这样的情况一直持续到 80 年代末、90 年代初，有线电视的扩张为利基频道提供了生存空间，那些为填满播出时间而生产的低成本节目也有了用武之地 (Haley，46)。

在新的电视环境下，纪录片拥有诸多优势。这些电视纪录片可以轻松销往海外：在欧洲，各大电视台还是以服务公众为标准来选择进口作品；电视纪录片的制作和获取费用相对便宜；而且，如果选择了适当的话题，电视纪录片可以反复重播，而不受时效性的限制 (Hogarth，31)。电视纪录片也可以在特定频道播出 (Fursich，141–142)。众多的利基有线电视频道如 MTV、E！和 A&E 就用较为低价的纪录片来填满播出日程。通常，这些纪录片是此类频道仅有的原创节目，至少在早期，此类频道安排了很多主流电视网之外的节目。这些纪录片肩负着双重使命——不仅向观众提供信息，同时还必须符合频道品牌形象的要求，迎合特定的观众群体。在初创时期，类似 MTV 频道《真实世界》(*The Real World*) 的节目，证明了反映"真实生活"

的节目也可以具有娱乐性。

不仅如此，电视纪录片这一形式，也满足了经常收看美国公共电视网纪录片的观众，将这部分观众也培养成纪录片的利基市场。一些纪录片频道的成功，例如探索频道和学习频道（The Learning Channel），以及一些特定频道播出的纪录片大受欢迎（如 A&E 电视台播出的《传记》系列），让纪录片频道的数量有所增加。1995 年，A&E 电视台旗下的历史频道开播，同年，探索频道也建立了军事频道。

24 小时播出纪录片的频道努力制作节目，以求获得更多观众和广告，当然终极目的是更多的资金。和公共电视网偶尔播出纪录片不同，这些纪录片频道的节目要为收视率负责。这些纪录片需要传递信息和娱乐大众（不一定是按此顺序）。首先，也是最重要的一点，就是这些纪录片必须是观众想看的题材。例如，科学、自然、旅行和健康方面的话题，毫无争议地占据了纪录片频道的主要内容，并且热度持续不减（Fursich，145）。历史题材的纪录片在国际市场也非常受欢迎，原因和我们在第一章讨论过的虚构历史片流行的原因非常相似。虽然历史题材的纪录片严重依赖电脑制作的画面和情景再现，但这些纪录片满足了观众的特定需求——"感受比了解更重要"（Hogarth，114）。辛西娅·克里斯（Cynthia Chris）认为，此类纪录片"追求耸人听闻的效果，推崇娱乐精神……节目的历史或科学价值值得怀疑"（11）。理查德·基尔伯恩（Richard Kilborn）和约翰·伊佐德（John Izod）的言论是针对此类纪录片最常见的批评方式："节目形式单调乏味，不会引起争议。"（179）杰克·埃利斯（Jack Ellis）和贝斯帝·麦克莱恩（Besty McLane）的研究发现，"它狡猾的一点就是，对于播出方来说，它的销路要比制作者想表达的内容重要得多。"（295）霍加斯也同意这一说法，认为纪录片主题的重要性日渐衰退，这些频道"选择主题时，既要考虑该主题继续开发衍生纪录片的能力，同时还要兼顾主题的真正面目或意义，两者地位同等。"（114）

150

美国各大纪录片频道取得成功后，纷纷开始扩张版图、开疆辟土，我们在下文会继续研究。一些纪录片频道开拓了海外市场，瞄准了欧洲、亚洲和拉美地区的观众，偶尔还会兼顾非洲市场。有鉴于此，纪录片的制作不仅要面向美国市场，还要在国际市场打开销路。有线电视纪录片频道的扩张，推动纪录片产业生产出更多能够在世界各地有线电视播出的节目。

根据艾尔弗雷德·弗里希（Elfreide Fursich）的研究，为了获得国际观众和广告主的青睐，全球"非虚构娱乐"趋向于（至少目前看起来十分明显）非批评性和非政治性（132）。艾尔弗雷德写道，这些纪录片必须"足够国际化，以创造巨大销量，但是还必须足够'中立'（避免反映或激怒特定国家的利益、品味或议题）来吸引世界各地的观众"（Fursich，137-138）。而科学、旅行和健康就是能够受到全世界欢迎的主题，只要它们"非攻击性、去政治化、无调查性或者在文化上持保留态度"（Fursich，145）。我们曾经在第一章讨论过历史角度的叙事，而全球化的纪录片，就是为了收到国际观众的青睐，让观众产生兴趣，但同时避免让节目束缚于某个国家，或者拘泥于特定的文化。随着国际联合制作的兴起，这种潮流愈演愈烈。国际联合制作允许各个制作方为了本国市场重新编排节目内容，例如重新编辑、反转等等。删除那些引起反感的内容、改变节目主题以符合本国利益、把叙述者替换成本土演员，这些本土化的技巧都帮助了国际纪录片产业的"全球化"。例如，《飞行器史话》（*Reach for the Skies*）这部国际联合制作的纪录片（由哥伦比亚广播公司国际部、英国广播公司和特纳电视联合制作）于1987年在特纳电视网播出时，就删掉了那些非美国制造的飞行器内容（Seigel，33）。这种本土化的方式，在某种程度上消解了纪录片全球化在全世界分享文化的能力；而这样的本土化，也必须选择一个联合制作各方都能接受的话题和角度。

国际联合制作的参与者更担忧制作纪录片的重重困难，而非纪录片的获利。参与国际联合制作的各方不仅要提供资金，同时还要进行文化交流，让制作出的节目能够销售到更多市场，提供更多资源。在一次国际联合制作纪录片的小组讨论中，纽约的公共电视台 WNET 的一位工作人员说："外国的合作伙伴能提供除资金之外的很多东西——例如经验、设备、设施和制作人员。"（转引自 Seigel，32）不仅如此，联合制作伙伴可以扩大"潜在主题库"，为国际联合制作提供更简单的研究、画面、受访者和照片（Solomon，1998）。[1] 国际联合制作纪录片的影响力不言而喻。根据当时的估计，到 20 世纪 90 年代中期，国际联合制作的电视节目中，纪录片比重占 25%；而到 2001 年，纪录片有望成为"国际联合制作中最普遍的类型"（Hogarth，31）。美国的国际联合制作参与者，尤其是主流的有线电视台，都被寄予厚望，因为和其他潜在的投资方和发行方相比，有线电视台更有兴趣在纪录片制作上投资。一位纪录片制作人就建议，先依附于一家类似探索频道的美国电视台，然后就可以轻轻松松找到其他的国际联合制作方（Seigel，33）。美国的有线电视纪录片频道确实深度参与了国际联合制作。1996 年，国家地理频道（Nation Geographic）有三分之一的作品都是国际联合制作的（Samuels，15）。

在最新联合制作的纪录片中，历史纪录片和科学纪录片是最为流行的两种形式。前者很快成为了历史频道的主打作品，历史频道也被人们戏称为"战争频道"或"希特勒频道"。这些历史纪录片通常是小成本制作，利用历史档案、采访和情景重现来揭开一些耸人听闻的历史内幕。科学纪录片常常在探索频道播出，制作技术复杂，成本也较高。科学纪录片通过专家讲解和数字制作的画面来解释一些科学原理或自然现象。有时，科学纪录片也会通过情景重现，试着揭开历史上的谜团，或者解释广为人知的故事（例如探索频道大受欢迎的《与恐

---

[1] 杰米·霍兰德（Jamie Holland）解释说，当时有越来越多的政府文件和档案开始解密，尤其是在东欧地区，也激发了公众的兴趣，想去了解这些从未披露的信息（7）。

龙同行》节目）。

　　国际联合制作的纪录片综合了我们在前几章所探讨过的各种问题。在第一章，我们曾经讨论的历史虚构栏目，面临着空间、地点、民族主义、全球主义和本土主义的再现问题，纪录片的制作也要面对这些问题。纪录片，尤其是历史纪录片，必须在重现某一国家时保持中立，既不能歌功颂德，也不能奚落排挤；纪录片必须鼓励观众正确理解不同的地区，甚至有些地区已经不复存在。在第二章，有线电视品牌化的重要性被我们反复提及，同样，纪录片也需要塑造品牌，建立起值得信任、学识渊博、关系重大的形象。有线电视频道依赖英国的神秘事件节目和好评剧集建立良好形象，纪录片频道也是靠英国制作的纪录片（尤其是英国广播公司制作的）来营造节目高质量的氛围。当然，和我们在前一章讨论过的儿童节目一样，纪录片频道必须小心谨慎地处理公民意识的呈现方式，因为纪录片必须平衡消费主义和启迪民智两者之间的关系。

　　比起对国际联合制作纪录片所传达的知识或内容的分析，有一个问题更加重要，并且能够把所有的问题串联起来：这些纪录片认为哪些知识是有价值的？所以在这一章中，我们会讨论国际联合制作过程和主流制作方的全球化造成的结果——这些纪录片推崇特定框架内的知识。国际联合制作纪录片的特征——例如从非批判和无争议的角度关注科学、历史和自然——就是鼓励客观理性的认知方法，而最终的目的还是支持消费资本主义。通过分析这些纪录片所提倡的认知方式和事实真相，我们发现，这些纪录片和20世纪60年代的别无二致，所推崇的还是西方对于现代性和真实性的认知。但是它们必须这样做，既不能对某些国家随意评论，同时还必须推行全球消费主义所提倡的价值观。

认识论视角下的国际联合制作纪录片

要想理解国际联合制作的电视纪录片是如何呈现和再现世界的，我们首先要总体了解一下纪录片本身，以及纪录片的美学、产业和社会背景。随后，我们将探询纪录片与国家之间的关系——因为纪录片的功能就是为观众提供有关自己所在社群和世界的知识。

许多理论家都曾指出，给"纪录片"下一个简单的定义是非常困难的。比尔·尼克尔斯（Bill Nichols）就曾经解释，纪录片的定义总是"相关的、相对的"（2001，20）。但尼克尔斯还是给出了自己的定义——纪录片是试图再现世界的影片（3）。德克·艾岑（Dirk Eiten）则认为，纪录片是在观看时能够提问"它是不是在说谎？"的影片（89）。换句话说，纪录片应该是真实的。为了支持这一点，纪录片常常使用各种形式的证据和道具。过去，许多纪录片的真实性都是建立在全国人民所接受的事实和常识之上。但其实，许多早期的著名纪录片，都是为了迎合国家的目标而制作。从约翰·格里尔逊所在的英国帝国市场委员会 [1]，到罗斯福时期的重新安置署，再到20世纪60年代的电视网，纪录片都用来创造（也会批评）国家的社群。纪录片和其他形式的历史一样，帮助国家筛选群体记忆——哪些该铭记，哪些该遗忘。

意欲全球扩张的媒体巨头和它们所参与的国际联合制作开始涉足纪录片领域，使得问题更为复杂，让单个国家版本的历史难以出现——在许多情况下，无法迎合国家的需要。反之，纪录片中的知识不再与某个特定国家联结，而是允许纪录片把"国别偏见"扩散到全世界（Shumway，358）。而许多纪录片，包括为有线电视频道制作的绝大多数纪录片，都强调自己的"客观性"。但尼克尔斯认为，即使是那些标榜自己只是把证据呈现给观众并让观众自己判断的客观的纪录

154

---

[1] 约翰·格里尔逊1928年入职，1937年辞职。——译者注

片，也潜藏着意识形态或制度上的偏见。尼克尔斯在研究中写道："客观性本身又不会说话，不能告诉我们到底是为了满足何种目的……但是对于纪录片这种复杂又极具说服力的话语形式，我们无论如何还是要知道内容的目的是什么。"（1991，198）为了支持客观的结果，各国电视纪录片制作者都依靠科学研究、历史"事实"、目击见证、技术分析和学术专家。这些证据看似公正不阿、不容置疑，但却是制作者"把历史事件纳入特定叙事框架"的工具（Ashuri，424）。全球化的纪录片不仅为我们提供关于世界是讯息和知识，也塑造着我们对知识和真相的认知。维奈·拉尔（Vinay Lal）就曾表示："我们生活在全球化的时代，流行偶像能够红遍全球，贸易纷争由世界贸易组织仲裁，各国金融市场密不可分，没有比现代知识更全球化的了。"（109）

"要求所有现代社会按照特定的狭隘的理性原则运行"是一个宏大的目标，而支持客观的科学是其中一部分（Tomlinson，145）。在研究了文化帝国主义的本质后，约翰·汤姆林森（John Tomlinson）发现了在全球化文化扩张下真正危在旦夕的东西——科内利乌斯·卡斯托里亚迪斯（Cornelius Castoriadis）所称的西方社会的社会想象。科内利乌斯·卡斯托里亚迪斯写道：

155 　　　每个个体所建构的世界，以及每一个社会，实际上都是在创造充满意义的世界，这些社会想象的意义就是，操纵（前社会的、'生物学的'）自然世界、为每个社会建立适当的社会化世界（通过表达、规范、目的等等）、让社会化和人性化的个体组合，并且建立社会（人类）生活的动机、价值观和层级（41）。

再来看看国际联合制作的纪录片，我们发现，用客观角度向全球观众呈现科学和历史，目的是为了推行西方社会的社会想象意义，汤姆林森认为，其终极目标是操纵人类的想法——哪些事情是可能的，哪些是好的正确的（167）。所以，真正重要的不是纪录片呈现了哪些具体的内容，而是在呈现所谓的真实世界时使用的策略。有些人认为，当代的科学纪录片是迎合了后现代景观和高度写实主义，乔斯·范·迪克（Jos van Dijck）则坚决反对，"比起指出科学纪录片的后现代属性或者为这一属性痛心，更有趣的是检视融合了文字、声音和图像的多媒体手段是如何把我们的断言变成了知识。"(21)

有鉴于此，我们必须考虑国际联合制作纪录片是如何让观众理解和评判科学和历史，进一步探询这种方法是如何导致了特定的呈现方式，从而支持对于理性、现代性、进步和发展的主流想象，培养出特定的经济公民身份。在本章，我们选择两部国际联合制作的纪录片作为研究对象，探询它们是如何推崇西方社会想象意义的。第一部是第二次世界大战题材的《纳粹警示录》，我们将审视这部纪录片的人文主义思想背景如何成为一种理解纳粹大屠杀的方式。第二部是《耶稣基督：真实的故事》，我们将分析专家、科学和技术是如何替代宗教故事的。这两个案例分析将清楚地表明国际联合制作的纪录片迎合全球观众的痕迹，而在品牌化的环境下，制作者必须把观众视为消费公民。

历史之战：国际联合制作的纳粹大屠杀纪录片

> "人类想要了解历史。历史其实就是人类和他们所做的决定或者未做的决定，以及如何做、为什么做这些决定。"
>
> 迈克尔·穆罕默德（Michael Mohamad），
> 历史频道市场部高级副总裁

> "世俗世界，就是人类创造历史的世界。调查和分析决定了人类的能动性，人类必须去理解、批评、影响和判断。"
>
> （Said，878）

尽管右翼保守论者和后现代主义批评家都认为人类忘记过去、忽视历史的趋势愈演愈烈，但 20 世纪 90 年代以来的电视（以及电影）对历史题材的热情都持续不减。"历史热"有很多产业上的原因，包括我们之前所讨论的纪录片产业本身的原因，制作方和播出方都意识到了历史题材的流行。许多怀念历史和故土的老观众被有线电视频道吸引，到了 20 世纪 90 年代，即将来临的新千年让这种怀旧热情更加高涨（Solomon，6）。不仅如此，历史题材纪录片在美国和海外都受到观众热捧，使得这种节目形式更具吸金潜力。

随着历史题材纪录片的数量不断增加，大众媒体所反映（以及推崇）的历史也成为人们争议的焦点。亚历杭德罗·贝尔（Alejandro Baer）梳理了双方的立场，认为这是"启示派"与"乐观主义派"的对立。那些把大众媒体再现的历史视为启示的人代表了法兰克福学派，这一学派认为，历史给予我们的是理性的启示，需要理性化的理解，而媒体追求戏剧化的耸人听闻效果，恰恰违背了这一点。而乐观主义者认为，将电视技术与历史题材结合，能够让观众更加接近历史，允许观众从情感和"人性"层面理解历史（Baer，492-493）。在讨论纪录片的历史与再现时，纳粹大屠杀这一复杂事件往往被用作案例。

尽管再现大屠杀和第二次世界大战有诸多困难，历史频道（由 A&E 电视台于 1995 年创立）还是播出了大量反映第二次世界大战的纪录片，很快，历史频道就被观众戏称为"战争频道"或"希特勒频道"。这些纪录片的来源渠道广泛。有一些是历史频道（从美国公共电视网、英国广播公司和 A&E 电视台）低价买来的老电影，还有一些是历史频道自己制作的，或是参与制作的。在通常情况下，人们都认为纳粹大屠杀——至少是关于大屠杀的纪录片——不太适合在美国的商业电视台播出。那是因为，大规模屠杀和弥漫恐怖气息的纪录片很难推广消费主义。所以，我们必须要研究历史频道在当时所做的决定。我们还必须要检视这些纪录片所使用的证据，以及纪录片究竟向观众叙述了怎样的故事——不仅是关于第二次世界大战和大屠杀，还有国家社群和公民身份。

制作和播出第二次世界大战题材的纪录片有很多电视产业本身的原因。就题材而言，关于第二次世界大战的纪录片本来就有很多，这些纪录片通常制作费用不高，但也能引发观众的兴趣。一些观众可能对纳粹大屠杀发生的原因不甚明了，这一题材的纪录片正是利用恐慌来引发观众的思考。许多关于纳粹大屠杀的纪录片都是国际联合制作的，有些还聚集了来自欧洲各国的制作方，但英国广播公司是永远的主导者，它对于大屠杀题材的兴趣异常强烈。这些纪录片受到了国际观众的欢迎，而纪录片也从中获利——在全球的广泛传播，令获取资源（例如画面、数据和采访）更加便捷。经济上的吸引力其实很容易解释，而纪录片背后的文化和社会原因，尤其是对商业化的有线电视来说，其实是有些令人疑惑的。但历史频道确实这样做了——主要是基于频道自身在市场中的历史、品牌形象和定位。

158

作为 A&E 电视台的下属频道，历史频道自 1995 年 1 月开播以来飞速发展，很快便跻身于有线电视频道前列。在 A&E 电视台靠历史题材纪录片取得成功，而市场研究表明，A&E 电视台现有的观众中，有些观众希望能看到 24 小时播放纪录片的频道。这项研究被证明是正确的。1996 年，收看历史频道的家庭大约有 1920 万个（Zoglin，101）；1998 年，历史频道已经走进了 4700 万个美国家庭，并且在 50 个国家落地播出（Worrell，76）。在初创时期，历史频道为了节省开支，并没有选择自己制作节目（Taves，8）。当时播出的节目都是来自 A&E 电视台的资源库，历史频道也购买了一些美国和海外历史纪录片的版权（Taves，9）。虽然布莱恩·泰维斯（Brian Taves）认为，播出海外的纪录片让历史频道的视角多元化、非民族主义（9），但是随着时间推移，历史频道削减了购买节目的份额，自制纪录片的比重不断上升。在历史频道 1998 年所播出的节目中，40% 是自制的；而转年，这一比重就上升到 75%（Worrell，76）。在整个 90 年代，历史频道最初的目标受众是家境优渥、受过良好教育的年长男性。1998 年，时任历史频道执行副总裁和总经理的丹·戴维斯（Dan Davis）把频道的观众描述为"大部分都受过良好教育、65% 是男性、年龄在 35—54 岁之间"(转引自 Worrell，76）。为了迎合这部分观众，历史频道播出了大量战争和军事题材的纪录片，而其中一大部分在刻画军事胜利时极具民族主义色彩。

有些批评认为，历史频道太过依赖第二次世界大战题材纪录片，而历史频道罔顾这些批评，用诸如"全部历史、皆现于此"和"让历史重现在您眼前"的宣传口号打造了强有力的品牌形象，并且取得了成功。历史频道想传承"美国公共电视网的文化衣钵"(Taves，14），试图把频道打造成"让观众身临其境感受历史的通道"(Mohamad 转引自 Kim，6）。历史频道塑造了高质量的品牌形象，让观众觉得历史亲切而有趣。很快，A&E 电视台就选择历史频道作为扩张海外市场的先锋。A&E 电视台主席兼首席执行官尼克拉斯·达瓦茨（Nickolas Dacatzes）表示，之所以选择历史频道作为 A&E 的"国际旗舰"，就是因为历史频道在全球都受到观众欢迎（McConville，60）。到 1995 年底，历史频道才开播一年时间，就成功地利用 BSkyB 电视台在英国播出 3 小时的栏目，并且计划扩展为全天候播出的历史频道（McConville，60）。1996 年，历史频道与一家当地电视公司合作，成功地进入了拉美市场（"History Channel Launching in Latin America"，16）。1997 年，历史频道用同样的方式开始在北欧和波罗的海国家播出节目（Katz，39）。事实上，截至 1997 年，历史频道已经进入了英国、法国、意大利、北欧、中东、以色列和拉美地区（Galetto，44）。1998 年，一家西班牙公司与历史频道签约，为西班牙和葡萄牙制作西语版和葡语版的纪录片（Donohue，16）。1999 年即将与历史频道签约的还有日本、东南亚、印度和中国，同时历史频道也在开拓巴基斯坦和土耳其市场（Forrester，42）。在每一个地区，历史频道都选择与当地电视公司合作，播出的节目融合了 A&E 的纪录片和本土节目。A&E 电视台和历史频道的工作人员麦克·加列多（Mike Galetto）表示："为特定市场制作的节目，加上能够在全球播放的节目，肯定会持续增长。"（44）这种美国本土与国际化交织的节目凸显了平衡的重要性——历史频道在制作上要权衡本土对于历史的民族性诉求，以及全球化品牌对国际性的要求。

为了满足历史频道的国际观众，节目的形式和内容都需要相应调整。A&E 电视台国际部的副主席和总经理表示，历史频道不是要把"美国视角的历史"传播到全世界；相反，"我们在制作节目时都是用国际化的视角"（转引自 Galetto，44）。为了迎合国际观众，历史频道制作的节目和我们在第一章讨论过的情况相同：强调国际或者本土社群，忽视民族和本土主义；严重依赖国际化的场景和"明星演员"；只关注赫赫有名的事件；趋于只责备那些可以责备的"坏蛋"。于是，历史频道的节目为了迎合国际观众而变得国际化，避免以美国为中心。但与此同时，此类为国际市场制作的节目不可避免地在推崇美国（和西方）的社会想象意义，因为制作和播出纪录片归根到底还是商业行为。

第二次世界大战这一议题太过重要，可以吸引全球的观众。一位 A&E 电视台的工作人员在评论历史频道与西班牙公司的签约时就说："我们有大量的战争方面的资源。我们不会在节目中加入引起当地人反感的内容，但是当地（西班牙和葡萄牙）如饥似渴地需要第二次世界大战题材的节目。"（转引自 Donohue，16）这番对国际市场的洞察表明，历史频道把第二次世界大战当成一个全球流行的议题，围绕第二次世界大战所制作的节目不会让任何一个国家的观众反感。为了避免争议，纪录片可以关注那些受尽苦难的人或是苦难的始作俑者。

按照历史频道执行副总裁和总经理丹·戴维斯的说法，A&E 电视台和历史频道的定位并不相同，因为"A&E 电视台关注的是人，而历史频道关注的是事件"（转引自 Flinn，6）。但就像我们在本节开头所引用的那样，有人认为，历史事件的进程取决于个人的决定。按这种方式理解，历史频道其实反映了爱德华·萨义德（Edward Said）笔下的人文主义——"人文主义建立在人类个性和主观直觉之上，而不是建立在已接收的信息和已认可的权威上"（878）。萨义德也许不是历史频道的忠实观众，也不支持用全球化和西方为中心的视角看待历史；但是，很明显，历史频道在坚持着理性、自主和不变的人文主义内核。通过关注个体的"人类"，尤其是对纳粹大屠杀的分析，历史频道呈现了这一历史上的恐怖时刻，但并没有引起争议，也没有谴责那些对纳粹暴行袖手旁观的国家。这样看来，历史频道播出的大屠杀纪录片其实是我们在第一章讨论过的极端案例。在纪录片中，特定国家（德国）很明显罪恶昭彰；国际社群（同盟国）如同救世主，拯救了被纳粹戕害的无辜受害者，即本土弱小群体（犹太人、罗马人和同性恋者）。不仅如此，我们在第三章讨论过的公民意识和身份，也在大屠杀纪录片中有所体现。受害者的政治公民身份，以及更重要的经济公民身份被剥夺之后，他们可以服务于德国，在德国拥有财产，用自己的文化公民身份为德国文化做出重要的贡献。

　　大屠杀纪录片中对纳粹的人性化描写，引发了许多人的担忧。在研究纪录片运用现代主义美学时，海登·怀特（Hayden White）写道，制作一部关于纳粹大屠杀的传统纪录片是"冒着把犯罪者'人性化'的危险"（31）。但是，这种对纳粹的人性化处理，对于全球化的纪录片是必要的。朱迪斯·彼得森（Judith Peterson）研究了 1995 年英国电视上纳粹大屠杀的影像后发现，英国广播公司和英国其他商业电台一样，极少（如果真有的话）批评英国政府的共谋行为，或者至少是缺少作为（258）。为了避免争议，此类纪录片都尽量避免审视世界各国政府的作为，取而代之的是"批判"特定人群的变态行为（同时也承认这些人是被社会塑造成这样的），再反思"人类"如何能做出这样惨绝人寰的事情。一位参与了纳粹大屠杀题材的国际联合制作（由英国广播公司主导）纪录片的工作人员说："在探询事件发生的背景时，我们总要回到人类的身上，人，才是我们关注的焦点。"（转引自Solomon，6）这种对于人性、理性和自主的本质主义追求，让纪录片在国际观众中寻找共性，但避免暗示观众在同样情境下也会做出类似

举动。此类纪录片通过两种主要路径来操作：第一，纪录片通过议题
[例如《希特勒的追随者》（*Hitler's Henchman*)]、证据（采访和日记）
和结构（关注那些影响战争进程的人），来聚焦个体；第二，此类纪录
片将很多行为归咎于"人类本性"，在当时的社会背景下，行凶杀人被
认可支持，残忍暴虐也被嘉许。纪录片中的纳粹狂徒按照自己对世界
的理解，"理性"行动，证明了理性尚在，只不过是被一些别有用心的
变态者利用了。借此，理智和理性——重要的社会想象意义，再次得
到肯定。

在分析大屠杀犯罪者方面，也许没有任何一部纪录片能够与《纳
粹警示录》相匹敌。这部时长 5 小时的纪录片由英国广播公司和 A&E
电视台于 1997 年共同制作，1998 年 2 月在历史频道播出。前两集播
出于 1998 年 2 月 8 日星期日（美国东部时间晚 9 点），后四集从周一
至周四连续四天播出（美国东部时间晚 9 点）。这六集依次是:《获取
权力》("Helped into Power")，讲述纳粹掌控德国的过程;《混乱与赞
成》("Chaos and Consent")，介绍希特勒建立的政府混乱不堪，以及
这种混乱模式如何吸引希特勒的追随者;《错误的战争》("The Wrong
War")描述了德国在欧洲的扩张;《疯狂的东部》("The Wild East")
回顾了德国对波兰的入侵;《通往特雷布林卡之路》("The Road to
Treblinka")分析了推动集中营建立的力量和事件;《战斗到底》
("Fighting to the End")重现了德国与苏联的战斗以及德国的战败。

起初，人们不过把《纳粹警示录》看成历史频道播出的一部大屠
杀题材的普通纪录片，美国媒体对此也鲜有关注。但是，随后的一篇
评论对《纳粹警示录》给予了高度肯定：片中引用了全新的信息和大
量的采访，在回答复杂问题时表现得"条理清晰又非常耐心，并且不
畏惧挑战常识"（Bianculli, 12)。在英国，《纳粹警示录》也获得了空
前的成功，创下了纪录片的最高收视率（Bianculli, 12)。2005 年，《纳
粹警示录》发行了 DVD 版本，对这一版本的评论也非常积极:"这部
'警世钟'提醒我们，纳粹的恶行并非孤立事件，而是植根于人类本

性，随时可能释放。"（LaSalle and Hildebrand，32）在谈及《纳粹警示录》时，该片的作者和制作人劳伦斯·里斯（Laurence Rees）解释，该片的终极目的就是去理解为什么当时的人会做出那样的举动（Rees，147）。里斯表示："从广义上说，我们在片中探讨的是人类境况中复杂的一部分——寻找替罪羔羊、渴望平静生活、追求个人利益、牺牲特定群体等等。"（152）

　　《纳粹警示录》通过"实话实说"的方式，由许多采访对象讲述历史，把纳粹的行径纳入"人类境况"的范畴。在《纳粹警示录》开头，就已经清晰地说明了该片是以个人为中心。在每一集的开头，都是一帧黑白照片的近景，照片上是年轻男孩的脸庞。观众常常会以为这个男孩可能是纳粹大屠杀的牺牲者。随着镜头由近及远，我们发现男孩和其他士兵站在一起，身着纳粹军服，行纳粹军礼。《纳粹警示录》这样的开头清楚地告诉我们，本片关注的是纳粹（而不是纳粹暴行受害者），并审视在纳粹统治之下的这些人和他们的行为。

　　《纳粹警示录》沿用了历史类纪录片主要的证据类型：旁白（一位英国人）所叙述的"事实"；纳粹的宣传电影；新闻影片记录；已公开的信件和文件档案；希特勒演讲的音频片段。而《纳粹警示录》之所以出众，是因为该片使用了大量访谈。和其他反映纳粹大屠杀的影片一样，《纳粹警示录》也选择了受害者的访谈。但是，《纳粹警示录》的访谈对象大部分都是纳粹罪行的施暴者，他们都曾经是纳粹系统的成员。访谈的主体包括希特勒青年团的成员和领导、德国军人、曾经的纳粹党党员、见证过特定事件的德国民众、向盖世太保供出自己邻居的女士，以及波兰的纳粹领导人的管家。其中的很多人都亲眼见过希特勒。在访谈过程中，这些受访者被问及战争期间的所作所为、对当时发生的事件的感受，以及他们为什么这样做和做了什么。采访者在"让受访者为自己辩护"和"直截了当提出（通常是困难的）问题"之间游刃有余；换句话说，采访者在关注个体的同时，避免把纳粹人性化。例如，在《混乱与赞成》这一集中，采访者访问了一名女士，她曾经给盖世太保写信，揭发自己的邻居同情犹太人。但当被问及此事时，这位女士坚称不记得发生过这样的事情。当采访者出示这封信时，这位女士说："地址是我的没错，签名也是我的。但是这东西从哪里来的，我完全不知道。"她继续说："我的意思是，我又没有杀害任何人，没有谋杀任何人。"她解释，自己连效忠希特勒的少女组织都没有加入，因为自己的父亲不希望她夜晚还在外面活动。但是片中随后出现了被告发者确实死于集中营的证据，让观众不禁怀疑这位告密者所谓的"没有杀害任何人"的话语。据此，《纳粹

图 4.1

在《纳粹警示录》中，一名小纳粹党员与希特勒在一起。（照片由 Photofest 提供）

警示录》把普通的德国人与这些人在第二次世界大战期间的暴行联系在一起。

虽然有些受访者并未流露出丝毫悔恨（不管他们的真实想法究竟如何），但其他受访对象在被问及自己在战争中的角色时，还是阐释了自己的理解。《战斗到底》这一集讲述了这样的内容：在战争即将结束时，一名德国士兵非议纳粹政策，被纳粹官员处决。一场敷衍了事的审判之后，这名士兵在自己的村庄被处以绞刑，而他的妻子目睹了整个过程。这位纳粹官员在接受采访时说："对那位女士而言，这一切都太恐怖了，目睹与自己生活了 40 余年的丈夫被一群疯子绞死，还是在自家门口。"采访者提问："你是否也在那群疯子中？"受访者回答：

"是的，你可以这样说。"战争结束后，这位官员因为自己的暴行，度过了6年的牢狱生涯。这两个例子代表了《纳粹警示录》中的受访者群体（从纳粹官员到普通百姓），也展现了该片是如何把第二次世界大战中的事件与自行决定行为的个人联系在一起的。通过聚焦这些个人、听他们讲述当时的感觉、审视他们当今的反应，观众也被《纳粹警示录》要求从个人决策角度来理解这些人的暴行，而大多数情况下，这些决策的牺牲者都没有机会决定自己的命运。而最终，这些行为与极端民族主义联系在一起，而关爱国际社会的力量制止了这些暴行。

《纳粹警示录》还试图为纳粹的行为提供社会背景，并且是非扩张性的政治和经济背景。当时的德国民众多多少少都被洗脑，从而开始支持希特勒，但《纳粹警示录》很明显地否认了这一点。该片认为，是纳粹先创造了残暴扭曲的意识形态，在这样的情形下出现纳粹暴行及其追随者，其实是合理的。一个接一个的访谈解释了特定行为背后的动机。这其中包括纳粹提供的经济救助（在纳粹统治下，德国"比当下更好、更安全"）；参与纳粹暴行带来的自豪感（"我们可算是人物了"）；害怕被其他德国人告发（你可以坚持"是的，不过就是要冒生命危险，或者至少要丢掉工作"）；纳粹的反动宣传（"当时的人们都觉得犹太人实在太过分了。那么多的律师和导演都是犹太人"）。通过采访、目击者证词和档案记录，《纳粹警示录》塑造了大屠杀背后的歪曲的理性，又把这种歪曲的理性植根于个人（从军官到平民百姓），而这些个人虽然被赋予了权力，却不具备相应的德行。在《混乱与赞成》中，旁白给出了这样的解释——"希特勒的性格决定了德国的统治方式"。《纳粹警示录》从未怀疑过个人、个人的理性或自主的重要性。该片反而认为，恐怖的大屠杀之所以发生，是因为人类从本质上需要一定的统治（虽然不是被极端民族主义独裁统治），避免一些特定个体出于变态的畸形动机从而做出丧心病狂的行为。对于理性和人文主义的现代社会想象意义通过《纳粹警示录》再次获得了肯定——本片暗示，这次人类近代史上最恐怖的浩劫之所以会发生，不仅仅是因为社会运行失序瓦解，还因为"正常的"社会运行模式被一些疯狂的极端民族主义者扭曲破坏了。

《纳粹警示录》使用了很多目击者的证词和访谈，这其实是全球化纪录片为了体现自己依靠科学和事实来反映"客观"世界的惯用招数。朱迪斯·彼得森赞扬了《胜利》（*Victory*）这部纪录片，她把此片描述为"国际联合制作的重要作品"，是英国电视纪录片中对第二次世界大战呈现最为"客观的"（267）。既没有目击者证词也没有访谈，《胜利》（很明显是为了国际观众制作）只依靠档案记录、照片和新闻片段阐释观点（Peterson，267）。彼得森写道："《胜利》近乎偏执地依赖当代历史的硬证据，避免使用回忆和证词等软证据，展现出还原历史和客观真相的决心。"（268）纪录片对科学的依赖是另一种现代的、西方的社会想象意义，常见于非虚构的娱乐产品中，我们将在下一个案例中继续探讨。

真实的故事：用科学分析神话故事 167

> 我没有宗教信仰，但是这部纪录片与宗教信仰无关，与真相有关。
>
> ——杰里米·鲍恩（转引自 Wells）

2001 年，杰里米·鲍恩（Jeremy Bowen）在英国制作了饱受争议的纪录片《上帝之子耶稣基督》（*Son of God*），他也是该片的旁白，但是杰里米·鲍恩多次公开宣称，自己并不是基督徒。这位前英国广播公司的特派记者说，自己是被基督教的历史和科学信息吸引，才制作了《上帝之子耶稣基督》（Webb）。并不信奉基督教的人却制作有关基督的纪录片，这引发了一些英国基督徒的担忧，尤其是《上帝之子耶稣基督》的宣传材料声称，该片将对福音中的一些故事提出质疑。《上帝之子耶稣基督》在美国探索频道播出时，名为《耶稣基督：真实的故事》，原本杰里米·鲍恩的旁白被美国演员汤姆·霍奇金斯（Tom Hodgkins）取代。这一举动有效减少了争议，尽管英国广播公司和探索传播公司（Discovery Communications，本片的制作方之一，获得了法国 3 台的资金支持）苦心孤诣要引发这些争议。

英国广播公司和探索频道在宣传这部纪录片时，都着重强调片中的科学和技术元素——电脑模拟出的耶稣可能的长相。英国广播公司和探索频道网站的文章也都称之为"科学上的突破"，并且报道了这部纪录片可能会引发的争议——耶稣的"真正"形象，这其实是与基督教教义相悖的（Lorenzi，Webb，"BBC Unveils Hi-Tech Jesus"，"Why Do We Think Christ Was White？"）。制作人担心的"问题"是，这个电脑模拟的形象，与西方世界传统观念中白人、蓝眼睛的庄严基督形象不符。探索频道网站的文章称，考古学、法医学和历史学的学者共同研究，认为真正"准确"的基督是"肤色黝黑、皮肤粗糙、眼神空洞的短发男子"（Lorenzi）。但其实在纪录片播出后，关于耶稣形象的争论并未出现。尽管美国的一些媒体报道了该片对于基督实体形象的塑造，但是很多媒体都没有注意到这部纪录片（还有一些媒体只是简单编辑了美联社关于该片的短消息而已）。[1]

观众和媒体对纪录片所再现的基督耶稣并无不满，这个结果既在意料之外，也属情理之中。但是就在四年前，一位黑人演员在新泽西上演的耶稣受难剧中饰演耶稣，却遭到了死亡威胁（"Black Jesus in Union City"，12）。所以，是不是把基督描述为一位中东农民，受众的反应就会温和一些？但是作为跨国媒体巨头，探索频道可不想让自己卷入争议之中。这种争议其实和害怕《纳粹警示录》把纳粹"人性化"一样，都是因为纪录片建立在现代主义理念之上，被现代主义控制；也就是说，由

---

[1] 详情可以参阅《亚特兰大宪政报》上的文章《这是基督的面孔吗？》；《多伦多星报》上的文章《纪录片重塑耶稣形象》；以及《西雅图时报》上的文章《电视纪录片挑战基督传统形象》。

专家和技术所阐释的科学真相，极有可能是探索频道所有节目的基础。

探索传播公司是全球化纪录片制作的翘楚，业务遍及170多个国家，目前旗下拥有（或部分拥有）90多个电视台，包括探索频道（包括诸多分台，如西班牙语探索频道、国际探索频道、亚洲探索频道和中东探索频道）、学习频道（TLC）、动物星球频道（Animal Planet）和BBC美国频道（"国际电视"）。美国最大的三家媒体公司美国有线电视公司（Liberty Media）、考克斯通信公司（Cox Communications）和前进／纽豪斯传播公司（Advance/Newhouse Communications），以及探索频道创办人约翰·S.亨德瑞先生是探索传播公司的四大股东（dsc.discovery.com）。探索频道在国际市场大受欢迎，它在20世纪90年代末期，成为少数能在国际业务上盈利的有线电视频道之一。艾尔弗雷德·弗里希认为，探索频道完全依赖国际联合制作的节目。探索频道并没有把节目"全球本土化"，而是直接为全球化的观众群体制作节目。弗里希这样写道：

> 在过去的几年中，国际传播学者都在研究跨国传媒巨头的本 169
> 土化或"全球本土化"手段，却忽视了像探索频道这样以国际化
> 内容和节目为核心的媒体。探索频道的节目从一开始就是为打破
> 国界限制而制作，在各国播出时，只需简单把旁白换成当地语言，
> 探索频道的节目内容完全是全球化的；只有在推广宣传时会选择
> 因地制宜的本土化方式（148）。

探索频道的节目通常采购自独立制片方，或者由探索频道亲自参与联合制作，而且经常是与不同国家的制作方进行国际联合制作（Fursich，142）。探索频道与英国广播公司于1998年签订的合作协议是其最高规格的国际联合制作协议。根据协议，探索频道将和英国广播公司共同制作节目，并一同建立新的有线电视频道（例如BBC美国）。探索频道还获得了共同投资和英国广播公司新纪录片在美国播出

图 4.2

李伦·勒夫（Liron Levo）在《耶稣基督：真实的故事》中饰演的耶稣受难（图片由 Photofest 提供）。

的优先权（Mifflin, 1998, 2D）。[1]

英国广播公司与探索频道的合作协议对于双方来说都是重要契机，尽管也有一些批评之声认为探索频道会把自家的纪录片制作技巧渗透到英国广播公司的业务中。一位英国的批评者就拿饮用水打比方，认为探索频道会让英国纪录片"更好喝"，但却放入了"愚蠢而低能的添加剂"（Sutcliffe, 14）。对于探索频道的批评还不止这些。追逐肤浅轻佻的主题、依赖耸人听闻和夸张效果，也让探索频道饱受诟病。此外，一直有学者批评探索频道在"安全、高质量环境"下制作纪录片（Berger, 16）。《华盛顿邮报》的电视评论作者汤姆·薛尔斯（Tom Shales）就说："它（探索频道）对政治议题避之不及，也不愿意触碰任何可能引起争议的话题。"（转引自 Berger, 16）

所以，当探索频道同意与英国广播公司联合制作一部有关耶稣基督"真实"故事的纪录片时，确实让人大吃一惊，因为这一议题极有可能引发巨大争议。但同时，这一主题又具有绝佳的普世性，世界上的很多观众，不论宗教信仰如何，都会对这一主题兴趣浓厚。不仅如此，基督教的信众数量也在增长，尤其是在拉美、亚洲和非洲地区（Jenkins）。所以《耶稣基督：真实的故事》具备吸引各国观众的潜力。

170

---

[1] 这项协议对于美国公共电视网（PBS）来说是灾难性的，在此之前，美国公共电视网一直是英国广播公司节目在美国的主要播出频道。尽管还能和英国广播公司继续合作拍摄纪录片，但是必须要经过探索频道的同意才行。

此外，乔斯·范·迪克还指出，虽然这部纪录片对景观的重视大于内容，再现效果也被斥为后现代，同时严重依赖数字技术（6），但是事实上，本片"以广为接受的现实主义传统表明了纪录片的真理宣言"，所使用的数字技术重新肯定了现代理念（van Djick，15）。

《耶稣基督：真实的故事》于 2001 年的复活节（4 月 15 日）在美国首播。[1] 这部三小时的纪录片被分成三集播出，耗资 150 万英镑——约 280 万美元（Wells）。根据当时的报道，《耶稣基督：真实的故事》旨在关注"支持或者挑战基督相关常识的事实和理论"（Zad，Y04），是"对基督教救世主的一次严谨的科学考证"（"Documentary Hypothesizes"，7）。《耶稣基督：真实的故事》使用学术研究、科学和技术，探究历史上的耶稣基督，对福音中的故事既有支持，也有质疑。《华盛顿时报》的一位评论员就发现，"尽管一些具有原教旨主义倾向的基督徒会被激怒，但是这部纪录片已经足够深入。三集纪录片邀请了 21 位不同领域的专家，包括考古学、神学、原始天文学，甚至还有犯罪学专家。"（Warner，D1）例如，历史学家质疑耶稣是否真的是在马厩中出生（因为巴勒斯坦人是在洞穴中饲养动物，而非厩）、耶稣降生时玛利亚和约瑟是否无人陪伴（分娩是非常危险的，他们可能在伯利恒有亲戚，在玛利亚分娩时施以援手），以及耶稣是否与犹大共同策划反抗罗马统治（根据新约的最新译本）。与此同时，也有学者认为耶稣是真实存在的历史人物（早期的历史学家曾经记载），他在客西马尼园中汗如血滴（医生已经发现，在极端压力下，人是有可能汗如血滴的），耶稣降生时空中出现了明亮的星（天文学家相信，当时木星正好经过白羊座，看起来像是一颗明亮的星星）。

高科技的使用也让观众更加接近历史上的耶稣。计算机绘制的图像向观众展示了耶稣当时所在的巴勒斯坦的样貌，令人惊叹，利用目

171

---

[1]　本片在英国播出更早，于 2001 年 4 月 1 日播出，连续三晚放映。

前的废墟图片不断叠加，计算机重现了当时巴勒斯坦可能的样子。[1] 计算机的最佳作品在节目最后十分钟才出现。历史学家、考古学家和计算机专家共同建构了公元 1 世纪的犹太人三维形象——英国广播公司和探索频道以重塑耶稣形象作为卖点宣传本片。根据当时的宣传材料，制作人利用距今已经 2000 年的犹太人头骨、古代宗教文献、计算机技术和最新法医学技巧，创造了"与千百年来的传统形象完全不同的耶稣影像"（Lorenzi）。

许多看过《耶稣基督：真实的故事》的观众都发现，本片中的耶稣形象"与传统的肤色苍白、身材纤瘦、长发长脸的形象相去甚远"（Zad，Y04）。《华盛顿时报》就注意到，本片中耶稣的脸比传统描写中的"更宽、更圆、更粗糙"，"耶稣的新形象是留着一头深色卷发、深色眼睛的宽鼻中东人"（Warner，D1）。不仅如此，计算机所呈现的 1 世纪的耶稣比通常看到的耶稣要老。根据历史学家的研究，由于当地的炎热环境和长时间日照，35 岁左右的人脸上就会出现皱纹和其他早衰痕迹。不仅如此，耶稣极有可能是短发短须（纪录片中引用了《圣经》中的一部分，认为长发是"不光彩的"）。科学家还说，耶稣的肤色肯定是深色。历史学家并不只从人种上考量，一位历史学家发现，耶稣肯定是深色皮肤，这样才能藏身于埃及人当中，福音中就是这样写的。这位历史学家还从系谱学入手（耶稣是大卫的后裔），亚非语系的祖先很有可能让耶稣也是深色皮肤。

虽然《耶稣基督：真实的故事》从多个方面改变了西方人理想中的耶稣形象，但是本片并未引起太多争议。也许，对于基督教历史的追寻，以及基督教其实发源于中东这一史实让观众接受了本片的科学"真相"。安·罗格斯－梅尔尼克（Ann Rodgers-Melnick）发现："宣传《耶稣基督：真实的故事》时那些大肆渲染的元素，对生活在 20 世纪、

---

[1] 这些有关历史的信息为纪录片增加了旅游元素，让世界各地的观众想去"目睹"今时和往日的耶稣诞生地。

上过主日学校的人来说，并不稀奇。除了少数边缘团体，美国几乎不会有人认为耶稣应该是金发碧眼。"(36)[1]

毫无疑问，《耶稣基督：真实的故事》对于科学和技术的运用，有效地减少了节目的争议。这部纪录片经常被誉为"科学和历史上的重大发现"、"新证据"和"科学与考古学的突破"。纪录片中的科学家在实验室内工作，历史学家博览群书，考古学家在废墟旁踌躇。这些科学话语和对技术的盲目迷恋，让本片在传递信息时显得十分"中立"。当然，这一切都如米歇尔·福柯（Michel Foucault）所说，是虚假客观，为了把权力和控制的真正动机隐藏起来（84-85）。在纪录片中，科学在支持的同时也在揭穿福音，我们必须要问，为什么国际媒体集团要对全世界最大的宗教群体采取这样的态度：既要支持，又要拆穿。这就与我们讨论的现代主义问题有关——现代性就是要用理性和科学代替传统、风俗和神话。

这部客观的纪录片最有趣的一项使命是：重新审视传统神话故事。阿拉什·阿比扎德（Arashi Abizadeh）认为，传统的民族神话故事并不是谎言，而是用于启迪本族同胞的故事（293）。试图把民族神话故事"用真相的标准，理性地逐条检视，这种行为本身就是现代主义的幻想"（Abizadeh，293）。事实上，全球化纪录片想把理性、世俗的人文主义和现代的"知识"强加于传统故事和神话之上，这样的"真相"毫无意义。德雷克·佩吉特（Derek Paget）认为："通过大众媒体和其他信息渠道，事实和信息开始等同于宗教的位置，为人们提供确定

---

[1] 另外，本片在"9·11事件"之前播出，虽然耶稣来自中东，但是并不会与民族主义和种族恐惧联系在一起，但今时今日可能就不同了。放在现在，这种中东人的形象，尤其是短胡须和日常的打扮，可能会引起更多争议。公元1世纪的犹太人形象，就是纪录片所认为的耶稣可能的样貌，与我们所熟悉的庄严神圣的基督形象不符。也许本片想和梅尔·吉布森（Mel Gibson）2004年导演的《耶稣受难记》（*The Passion of the Christ*）中蓝眼睛白人的基督形象有所区别。说着阿拉米语的耶稣也许可以被观众接受，但是西方世界可能不再认为耶稣基督（尤其是基督教信仰）是来自中东的。

性。"（Paget，18）这种尝试的核心就是要用全球化消费资本主义的社会想象意义，取代原本的宗教理想。

当然，基督教本身的一些元素也是强烈支持全球化资本主义及其对世界的益处的。但是，也有一些基督教团体质疑全球化资本主义的角色——全球化资本主义更多关注的是财富而非善举，并且向全世界灌输消费主义理想，这样其实是在瓦解民族主义。根据《天主教国家纪事报》报道，很多天主教团体已经开始游说活动，"反对经济权力集中于某些大财团中"（Ruether，16）。罗斯玛丽·鲁塞尔（Rosemary Ruether）写道，全球资本主义的规则"导致了世界范围内的失业、饥荒、贫困和污染。这种规则应该被打破，必须要摆脱大集团的控制，重新支持本土的农场和事业，因为它们才会对本土负责"（16）。如果有基督教团体有力地质疑全球资本主义带来的利益（尤其是在天主教徒不断增加、跨国公司不断扩张的亚洲、非洲和拉美市场），那么跨国媒体集团才有可能反思。但是，这种反思可能并不明显。从科学和技术角度来关注信仰，可能会让人们更倾向用大众媒介化的"中立"科学真相去理解历史。

尽管自 20 世纪 60 年代以来，纪录片的话题有所变化，但是电视纪录片依然热衷于推广西方理想。与 60 年代过于明显的民族主义和政治化倾向不同，当今的电视纪录片是在潜移默化地支持消费资本主义。在有线电视台播出的这些国际联合制作纪录片，所呈现的认知方式，都是在推崇人文主义、客观、理性和进步，支持消费文化。这些内容也是在告诉观众，哪些东西是重要的，哪些内容应该相信。当然，这些也是全球扩张的社会想象的重要符号。但是，我们必须意识到这些内容对于美国观众的影响。全球化纪录片推崇的是知晓真相的专家、是在决策时避免情感和信仰的影响、是相信技术会让世界更开明美好，这些强有力的信息不断向我们重申特定的观念——当下的世界是怎样的，应该是怎样的，以及可能会发展成怎样。

很明显，本书对产业内国际联合制作的电视节目非常关切。约翰·汤姆林森认为，我们眼中的文化是"一种资源，通过它，人们可以得到关于个人和社会意义与目的的叙事"（173）。这样看来，我们不仅要把国际联合制作的电视节目当作艺术产品来审视，还要把它当作意识形态与身份的载体，因为它影响着我们的生活方式。很明显，电视节目确实是艺术作品。虽然有些人诟病电视节目的质量，但是这种表达形式却不能被否定。而作为意识形态与身份的载体，电视节目坐拥亿万观众，人们每天看电视的时间又如此之长，因此我们必须接受这样一个事实：电视已经成为帮助人类的力量——在美国和全世界都是如此——帮助人类了解世界以及各个角落。本书所讨论的国际联合制作，创造了一种特定的全球化文化。国际联合制作产业，导致了这种全球化文化的出现。

正如我们在前文所言，国际联合制作为各国的制作方提供了明显的收益，也带来了重大的问题。通过国际联合制作，制作方可以获得理想的拍摄地、演职员、信息和档案，从而选择更具国际发行潜力的主题。《高地人》、《奥德赛》、《傲慢与偏见》和《耶稣基督：真实的故事》都依赖国际班底，以及多个场景变换。《耶稣基督：真实的故事》和《纳粹警示录》之类的纪录片要从国际收集资源。《小小欧里的世界》和拉美版《芝麻街》之类的儿童节目得益于国际团队的技术和文化支持。此外，税收奖励和分摊经费让各国制作方可以制作出更高价值的作品，而单打独斗是很难获得这么多资金支持的。迷你剧、纪录片和周播的动作剧的制作费用不菲。如果真能独立制作，那么我们在本书中讨论的节目可能会大不一样——包括制作费用、人才和地点——如果没有国际合作的话。最后，国际联合制作方可以把在各国市场都受到欢迎的内容和想法应用到节目中。本书中讨论的所有节目都得益于此，国际联合制作至少方便节目在各国发行。

当然，国际联合制作也存在一定弊端。《高地人》就充分说明了这一点：如果有太多国家参与其中，整体运行难免官僚化。而节目制作的过程也可能会失控。我们在第二章提到过，有人批评英国广播公司在节目选择上，完全为了取悦美国的合作伙伴。不仅如此，儿童节目也充分展现了国际联合制作的另一个问题：为了满足各国的要求，节目主线、角色和冲突处理都要受到限制。

国际联合制作的弊端，在文化领域展现得淋漓尽致。对"欧洲布丁"的忧虑就非常正确：对所有出资国家的规定和文化传统都卑躬屈膝，最终不会取悦任何人。当然，吸引国际观众是所有国际联合制作作品的愿景。为了实现在"全球"受欢迎，尤其是那些想进入美国市场的节目，必须符合特定的审美指标和苛刻的内容要求，例如大制作、好莱坞式的编剧和摄影技巧，当然，还必须用英语。不仅如此，从内容上看，国际联合制作依靠动作冒险、历史、旅行、"普世"主题（例如爱情、友谊和家庭）、无线的叙述和"客观的"纪录片，制作出全球观众都能理解并相关的作品。

有趣的是，我们必须要注意到，本书中讨论的大部分案例并不是主流节目；它们并不是那种在黄金时间播出，持续吸引大批粉丝的节目。其实，经常采用国际联合制作的是纪录片和儿童节目，高预算的迷你剧和独立剧或是有线电视台播出的剧集。从某种程度上来说，在电视行业内，虽然有很多类型的节目都采取了国际联合制作的方式，但是这并非主流。主流节目虽然多少参与国际联合制作，但是并不是为了国际观众而制作的。其实，格式化比国际联合制作更加普及，已经成为全球黄金时间节目的主流做法。

但是不论怎样，在20世纪90年代，国际联合制作的确展示出成为"通往全球化文化之门"的巨大潜力。本书的案例指出，90年代的美国电视比创始之初更加"国际化"。通过播出国际联合制作节目，美国电视——电视网和有线电视、独立电视和大型电视网——为美国观众提供了为国际受众制作的节目。不仅如此，在全球化愈演愈烈的背景下，国际联合制作提供了特定的文化建构，指出了个人理解世界和生存的方法与路径。换句话说，各大电视台不仅为了自身的品牌形象制作出风靡国际市场的节目，同时也让美国观众（和其他地区的观众）看到了让他们重塑思想的节目——理解世界现在如何运行、应该如何运行以及未来的可能性。

电视节目、种类和电视台让观众如何看待世界和自己所在之处时，有不同的选择，本书中的案例为大家展示了一些。例如，大部分的节目都把全球化描述成一件好事。在《高地人》和《奥德赛》中就是如此，甚至从某种程度上看，《耶稣基督：真实的故事》、《傲慢与偏见》和拉美版《芝麻街》也都认为，游历是有所裨益的，可以增加知识。相反，民族主义就被视为负面的。为了打破国与国之间的界限，国际联合制作常常把个人与民族或国家的联系描述为"有害无益"。最明显的例子就是《高地人》和《奥德赛》，这两部剧集公然抨击民族主义，而个人与民族和国家的联系会带来不良影响，这一点在《傲慢与偏见》、《解密高手》甚至《耶稣基督：真实的故事》中都有所体现，这些都是对歪曲的民族主义发出的警告。国际联合制作从不主张个人对国家或民族忠诚，而是极力关注本土，尤其是家庭。《小小欧里的世界》和拉美版《芝麻街》之类的儿童节目，以及本书中提到的许多虚构类节目，都在展示强有力的家庭联结和对家庭的终极责任。公民意识和身份与家庭相关，而非更大的国家或民族社群。

本书中讨论的国际联合制作作品，不仅向观众展示了"世界是如何运行的"，同时也试图阐释"世界应该如何运行"。消费者公民身份——高于政治公民身份——教育孩子们，要成为社会一分子，必须要是一名消费者。不仅如此，现代资本主义所推崇的知识——强调科学、理性、技术和专家——不仅出现在我们第四章讨论的纪录片中，在《高地人》中也有所体现——在全球游历之后，麦克劳德掌握了各种知识；在《解密高手》中，菲茨虽然一无是处，但却是一名心理学家；《傲慢与偏见》完全是现代主义理性及其与爱情间关系的终极展示；而《小小欧里的世界》更是一部科技的盛宴，不仅是内容，连制作手段也是。这些节目和其他所有节目一样，告诉观众这个世界上什么是好的、有帮助的、可信赖的，以及我们作为个体，应该去相信什么、争取什么。最后，国际联合制作对以上话题都传达了特定的信息。

当然，本书并不是故意认为节目制作者们都围坐在小屋里，特地讨论如何把全球化资本主义强加在国际观众身上。其实，这些制作人们是在讨论如何制作出行销全球的节目。正如我们所分析的那样，制作全球化电视节目和打造全球化品牌的过程本身，其实暗合了特定的意识形态。如果只关注特定国家或者国内事件，肯定无法获得"普世"欢迎。但是，如果一档节目强调家庭的重要性，就可以获得各国观众的共鸣。再举一例，如果制作的纪录片是基于某个人的主观意识和个人观点，那么它就很难进入国际市场；相反，如果一档纪录片通过科学和技术来佐证自己的客观，就极有可能被国际观众接受。所以，我们在国际联合制作中发现的意识形态，其实是媒体环境不断国际化的结果。

在此，我想回到本书开篇引用的约翰·佛柔的话："文化的全球化，首先是资本主义的全球化，然后是商品形式的全球化，表现为彻底国际化的、相互依存又环环相扣的市场。"（9）本书已经说明，尽管全球化进程是资本主义的全球化，但同时也传播了关于世界的理念、不同形式的知识，以及身份。我们的终极发现是，国际联合制作绝对有能力，也许比其他任何形式的国际媒体制作更有能力让观众接触"全球化"文化。而为了产业和经济上的成功，国际联合制作必须选择国际巨星、国际化的拍摄地点和技巧等等。最后，这些想法可能不会促成理想的文化嫁接，反而营造了支持晚期现代资本主义的氛围。

参考文献

"A&E Reaps Record Ratings from 'Pride and Prejudice.'" The Associated Press, 18 January 1996. LexisNexis, University of Arizona. Accessed 22 May 2007.

Abizadeh, Arash. "Historical Truth, National Myths and Liberal Democracy: On the Coherence of Liberal Nationalism." *Journal of Political Philosophy* 12 (2004): 291–313.

Acheson, Keith and Christopher J. Maule. "International Regimes for Trade, Investment, and Labour Mobility in the Cultural Industries." *Canadian Journal of Communication* 19 (1994): 401–21.

Adilman, Sid. "The Little Company that Could: Nelvana Celebrating its 20 Years of Success in Animation." *The Toronto Star*, 25 September 1991, B1.

Amdur, Meredith. "Shrinking Budgets Make for Smaller World." *Broadcasting*, 20 April 1992, 37.

"Anglo-American 'Cracker.'" *Broadcasting and Cable*, 15 February 1999, 70.

Artz, Lee. "Monarchs, Monsters, and Multiculturalism: Disney's Menu for Global Hierarchy." In *Rethinking Disney: Private Control, Public Dimensions*, ed Mike Budd and Max H. Kirsch, 75–98. Middletown, CT: Wesleyan University Press, 2005.

Ashuri, Tamar. "The Nation Remembers: National Identity and Shared Memory in Television Documentaries." *Nations and Nationalism* 11 (2005): 423–42.

Attallah, Paul. "Canadian Television Exports: Into the Mainstream." In *New Patterns in Global Television: Peripheral Vision*, ed John Sinclair,

Elizabeth Jacka, and Stuart Cunningham, 161–91. New York: Oxford University Press, 1996.

Baer, Alejandro. "Consuming History and Memory Through Mass Media Products." *European Journal of Cultural Studies* 4 (November 2001): 491–501.

Baily, Paul. "Cracking Up Under the Strain." *The Guardian*, 18 October 1994, T8.

Banet-Weiser, Sarah. "'We Pledge Allegiance to Kids': Nickelodeon and Citizenship." *Nickelodeon Nation*, ed Heather Hendershot, 209–40. New York: New York University Press, 2004.

Barber, Benjamin. *Jihad vs. McWorld.* New York: Ballantine Books, 1995.

Bawden, Jim. "New Code on Violence Has Little Effect." *Toronto Star*, 5 January 1994, E5.

Bazalgette, Cary and David Buckingham. *In Front of the Children: Screen Entertainment and Young Audiences.* London: British Film Institute, 1995.

BBC News Online, 27 March 2001. http://news.bbc.co.uk/1/hi/entertainment/tv_and_radio/1243339.stm. Accessed 20 March 2005.

Bellafonte, Ginia. "Forget Cliffs Notes." *Time*, 12 May 1997, 83.

Berger, Warren. "The Brains Behind Smart TV." *Los Angeles Times*, 25 June 1995, 16.

Bergfelder, Tim. "National, Transnational or Supranational Cinema? Rethinking European Film Studies." *Media, Culture and Society* 27 (2005): 315–31.

———. "The Nation Vanishes: European Co-Production and Popular Genre Formula in the 1950s and 1960s." In *Cinema and Nation*, ed Mette Hjort and Scott MacKenzie, 139–52. London: Routledge, 2000.

Bernstein, Paula. "A&E has Hammerlock on Highbrow." *Variety*, 7 February 2000, 27.

Betz, Mark. "The Name above the (Sub)Title." *Camera Obscura* 16 (2001): 1–45.

Bianculli, David. "Irrefutable 'History' Nails Nazis." *Daily News* (New York), 6 February 1998, 112.

Bickley, Claire. "$40 Million Odyssey." *The Toronto Sun*, 18 May 1997, TV3.

Bita, Natasha. "One Tongue Wraps Itself Around the Languages of Europe." *The Australian*, 8 November 2004, T06.

"Black Jesus in Union City, NJ, 'The Passion Play' Stirs Community Racism." *Jet*, 24 March 1997, 12.

Borja, Rhea. "Venerable U.S. Children's Show Reaches Around Globe." *Education Week*, 2 October 2002, 8.

Brennan, Patricia. "Jane Austen's Story of First Impressions." *The Washington Post*, 14 January 1996, Y07.

Briller, Bert. "The Globalization of American TV." *Television Quarterly* 24 (1990): 72.

Brodie, John. "Minis Measure Up with Majors Again." *Variety*, 1 March 1993, 1, 77.

Brown, Barry. "Geographies of Technology: Some Comments on Place, Space and Technology." http://www.dcs.gla.ac.uk/~barry/papers/place%20and%20space.pdf. Accessed 21 May 2007.

Brown, Rich. "Programming Investment Provides Boost for A&E." *Broadcasting and Cable*, 1 March 1993, 24.

Buckingham, David. *After the Death of Childhood: Growing Up in the Age of Electronic Media*. Cambridge: Polity Press, 2000.

Budd, Mike. "Introduction: Private Disney, Public Disney." In *Rethinking Disney: Private Control, Public Dimensions*, ed Mike Budd and Max H. Kirsch, 1–36. Middletown, CT: Wesleyan University Press, 2005.

Burgi, Michael. "Cable's Promised Land." *Mediaweek*, 27 March 1995, 26.

——. "Cable's Menu Expands with Original Fare." *Mediaweek*, 11 April 1994a, 24.

——. "Arts and Entertainment Revamps Format." *Adweek*, 7 February 1994b, 12.

——. "A&E: Ten Years After." *Mediaweek*, 7 February 1994c, 9.

Burgoyne, Robert. *Film Nation: Hollywood Looks at U.S. History*. Minneapolis: University of Minnesota Press, 1997.

Caldwell, John. *Televisuality: Style, Crisis, and Authority in American Television*. New Brunswick, NJ: Rutgers University Press, 1995.

Canclini, Néstor Garcia. *Consumer and Citizens: Globalization and Multicultural Conflicts*. Minneapolis, MN: University of Minnesota Press, 2001.

Cantanzariti, Therese. "You've Got a Friend." In *Media Focus: Co-Productions*, ed Nigel Palmer, 10–11. London: SJ Berwin, 2001.

Carvell, Tim and Joe McGowan. "Showdown in Toontown." *Fortune*, 28 October 1996, 100–08.

Castleman, Lana. "Licensors Heat up Hispanic Merch Programs to Feed Retailer Demand." *Kidscreen*, 1 March 2004, 57.

Castoriadis, Cornelius. *Philosophy, Politics, Autonomy: Essays in Political Philosophy*. New York: Oxford University Press, 1991.

Chan-Olmsted, Sylvia and Yungwook-Kim. "Perceptions of Branding among Television Station Managers: An Exploratory Analysis." *Journal of Broadcasting and Electronic Media* 45 (2001): 75–91.

Chapman, James. *License to Thrill: A Cultural History of the James Bond Films*. New York: Columbia University Press, 2000.

Charret, Christian, interview by Serge Siritsky. "Highlander Clearances." *Television Business International*, 1 March 1996, 50.

Chris, Cynthia. "All Documentary, All the Time? Discovery Communications, Inc. and Trends in Cable Television." *Television and New Media* 3 (February 2002): 7–28.

Cipolla, Lorin. "Translating Sales." *Promo Magazine*, 1 April 2004, 4.

Clark, Jennifer. "CBS, Berlusconi Partner on Coprod'n." *Daily Variety*, 26 June 1992, 22.

Clark, Victoria. "Export Boom as British Television Captures a World Audience." *The Guardian*, 7 October 1996, 7.

Clarke, Steve. "ITV Gets 'Cracker'-ing." *Daily Variety*, 27 August 1997a, 10.

———. "'Fitz' Hits with Int'l Sales." *Daily Variety*, 16 June 1997b, 15.

Cohen, M. L. "Gaumont SA." In *International Directory of Company Histories*, ed Laura E. Whitely, 172–175. Detroit: St. James Press, 1999.

Committee on Communications, American Academy of Pediatrics. "The Commercialization of Children's Television." *Pediatrics* 89 (February 1992): 343–44.

Crary, David. "Government Pledges Production Funds to Counter U.S. Television." Associated Press, 10 September 1996. LexisNexis, University of Arizona. Accessed 27 June 2006.

Creeber, Glen. "Old Sleuth or New Man? Investigations into Rape, Murder and Masculinity in *Cracker*." *Continuum: Journal of Media and Cultural Studies* 16 (2002):169–83.

Crystal, David. *English as a Global Language*. Cambridge: Cambridge University Press, 1997.

Culf, Andrew. "Granada in Foreign Deal." *The Guardian*, 13 November 1996, 6.

Curtin, Michael. *Redeeming the Wasteland: Television Documentary and Cold War Politics*. New Brunswick, NJ: Rutgers University Press, 1995.

Daly, John. "A Global Vision." *Maclean's*, 14 October 1991, 38–39.

Dann, Michael. "The 'Street' That Runs Around the World." *The New York Times*, 6 August 1972, D13.

Davatzes, Nickolas, interview by Steve McClelland. "Making History at A&E." *Broadcasting and Cable*, 10 March 1997, 55.

Davies, Alistair. "From Imperial to Post-Imperial Britain." In *British Culture of the Postwar: An Introduction to Literature and Society 1945–1999*, ed Alan Sinfield, 125–38. London: Routledge, 2000.

Davies, Hannah, David Buckingham, and Peter Kelley. "In the Worst Possible Taste: Children, Television and Cultural Value." *European Journal of Cultural Studies* 3 (2000): 5–25.

Dávila, Arlene. *Latino, Inc: The Marketing and Making of a People*. Berkeley: University of California Press, 2001.

Dean, Sherrie. "Jane Austen One of Hollywood's Hottest Properties." *Showbiz Today* Transcript No. 1002–3. LexisNexis, University of Arizona. Accessed 22 May 2007.

Deitz, Roger. "Carl J. Kravetz: Hispanic Marketing Executive." *The Hispanic Outlook in Higher Education*, 29 August 2005, 32.

Dempsey, John. "Brooke Bailey Johnson." *Daily Variety*, 16 March 1999, A3.

———. "Cablers Strike Up the Brand." *Variety*, 22 June 1998, 1.

————. "Cable Starting Mini Renaissance?" *Variety*, 15 April 1996, 45.

Diaz-Guerrero, Rogelio, Raul Bianchi Aguila, and Rosario Ahumadade Diaz. *Investigación Formativa de Plaza Sésamo: Una Introducción a las Técnicas de Preparación de Programas Educativos Televisados*. Mexico: Editorial Trilhas, 1975.

Dobie, Madeline. "Gender and the Heritage Foundation." In *Jane Austen and Co.: Remaking the Past in Contemporary Culture*, ed Suzanne R. Pucci and James Thompson, 247–60. Albany, NY: SUNY Press, 2003.

"Docu Firm Stretching Out with Fiction Coproductions." *Variety*, 28 September 1983, 117, 124.

"Documentary Hypothesizes Dark-Skinned Jesus." *National Catholic Reporter*, 6 April 2001, 7.

Dole, Carol M. "Austen, Class, and the American Market." *Jane Austen in Hollywood*, ed Linda Troost and Sayre Greenfield, 58–78. Lexington, KY: University Press of Kentucky, 1998.

Donohue, Steve. "A&E on the Road: Spain, Portugal to Spur Latin Channels." *Electronic Media*, 9 November 1998, 16.

Dorland, Michael. "Quest for Equality: Canada and Coproductions, a Retrospective (1963–1983)." *Cinema Canada*, October 1983, 14–18.

Doyle, Marc. *The Future of Television: A Global Overview of Programming, Advertising, Technology, and Growth*, ed National Association of Television Program Executives. Lincolnwood, IL: NTC Business Books, 1992.

Drohan, Madelaine and Alan Freeman. "English Rules." *Globe and Mail* (Canada), 12 July 1997, D1.

Eaton, Leo. "Co-Production in International Television: Making the Marriage Work." Paper presented at the East-West Center 2nd Meeting, Honolulu, 1992.

Ebeling, Ashlea. "Toon In." *Forbes*, 6 September 1999, 166.

Eitzen, Dirk. "When is a Documentary? Documentary as a Mode of Representation." *Cinema Journal* 35 (Fall 1995): 81–97.

Elley, Derek. "Co-Productions: Who Needs Them?" *International Film Guide*, 1993, 18–20.

Ellis, Jack and Betsy A. McLane. *A New History of Documentary Film*. New York: Continuum Press, 2005.

"European Television Production Not Unified." *European Media Business and Finance*, 23 October 1995. Factiva. Accessed 25 February 2008.

Fabrikant, Geraldine. "For TV Movie Producers, What Plays in Peoria Does Not Pay Abroad." *The New York Times*, 10 November 1997, D1.

Falicov, Tamara. "U.S.-Argentine Co-Productions, 1982–1990: Roger Corman, Aries Productions, 'Schlockbuster' Movies, and the International Market." *Film and History* 34 (2004): 31–38.

Farhi, Paul and Megan Rosenfeld. "American Pop Penetrates World Wide Nations." *The Washington Post*, 25 October 1998: A1.

Farquhar, Peter. "Managing Brand Equity." *Marketing Research*, September 1989, 24–33.

Featherstone, Mike. "Localism, Globalism, and Cultural Identity." In *Global/Local: Cultural Production and the Transnational Imaginary*, ed Rob Wilson and Wimal Dissanayake, 46–77. Durham, NC: Duke University Press, 1996.

Feretti, Fred. "'Forstye Saga' will unfold on Channel 13." *The New York Times*, 4 October 1969, 70.

Fisher, William. "Let them Eat Europudding." *Sight & Sound* 59 (1990): 224–27.

Flinn, John. "It's All History Now." *Adweek*, 29 April 1996, 6.

Fore, Steve. "Golden Harvest Films and the Kong Kong Movie Industry in the Realm of Globalization." *Velvet Light Trap* (1994): 40–58.

Forkan, James P. "Mini-Serious: Networks Making Mega-Cuts as Costs of Production Climb." *Advertising Age*, 18 May 1987, 4.

Forrester, Chris. "History, Nickelodeon Are Advancing in Asia." *Multichannel News*, 8 November 1999, 42.

Foucault, Michel. *Power/Knowledge: Selected Interviews and Other Writings 1972-1977*, ed Colin Gordon. New York: Pantheon Books, 1980.

Franklin, Barbara. "An Honest Self? Searching for Latinos in U.S. Children's Television." Diss. Tulane University, 1999.

Fraser, C. Gerald. "Sesame Street Worldwide." *The New York Times*, 21 November 1982, TG3.

Freeman, Michael. "Now, Big Bird en Espanol." *MediaWeek*, 3 April 1995, 6.

——. "MGM, Reteitalia Get Together." *Broadcasting*, February 10, 1992, 33.

Friedman, Wayne. "Disney Adds Ads to Kids' Cable Net." *Advertising Age*, 25 February 2002, 1–2.

Frow, John. "Cultural Markets and the Shape of Culture." In *Continental Shift: Globalisation and Culture*, ed Elizabeth Jacka, 7–24. Sydney, Australia: Local Consumption Publications, 1992.

Frutkin, A. J. "Art Takes a Hit." *MediaWeek*, 4 April 2005, SR56–58.

Fry, Andy. "Brit Producers Play Format Game." *Variety*, 19 January 1998, 74.

Fursich, Elfriede. "Between Credibility and Commodification: Nonfiction Entertainment as a Global Media Genre." *International Journal of Cultural Studies* 6 (2003): 131–53.

Galetto, Mike. "History Channel, No Ugly American." *Electronic Media*, 20 October 1997, 44.

Gallo, Phil. "Cracker." *Variety*, 15 September 1997, 40.

Garcon, Francois. *Gaumont: A Century of French Cinema*. New York: Harry N. Abrams, 1994.

Gershon, Richard A. *The Transnational Media Corporation: Global Messages and Free Market Competition*. Mahwah, NJ: L. Erlbaum, 1997.

Ginsburg, Marla. "Lessons to Learn from the Highlander Coproduction." *Electronic Media*, 25 January 1993, 130.

Glaister, Dan. "Cracker Lite Proves Thin on Danger." *The Guardian*, 25 August 1997, 7.

Glenn, Adam and Meredith Amdur. "New World TV Order Evident at Mip." *Broadcasting*, 29 April 1991, 23.

Godard, Francois. "Canadian TV Searching for Identity." *Broadcasting and Cable*, 13 January 1997, 98.

Goldsen, Rose K. and Azriel Bibliowicz. *"Plaza Sésamo*: 'Neutral' Language or 'Cultural Assault'?" *Journal of Communication* 26 (1976): 124–25.

Gould, Jack. "Galsworthy's Social Trilogy, 'Forstye Saga' Here From Britain." *The New York Times*, 6 October 1969, 94.

Grahnke, Lon. "Mad Gods and Monsters: Odyssey Is Still a Wild Trip." *Chicago Sun-Times*, 16 May 1997, 49.

Grimes, William. "An Austen Tale of Sex and Money in Which Girls Kick Up Their Heels." *The New York Times*, 14 January 1996, 3.

Gritten, David. "This One's Rated BC." *Los Angeles Times*, 16 February 1997, 3.

Grossberger, Lewis. "Media Person: Odyssey and Oddities." *MediaWeek*, 26 May 1997, 30.

Guback, Thomas H. *The International Film Industry: Western Europe and America since 1945*. Bloomington: Indiana University Press, 1969.

Gubernick, Lisa and Fleming Meeks. "Trust Your Instincts." *Forbes*, 7 June 1993, 64.

Guider, Elizabeth. "Strange Bedfellows Make Good Biz Sense in TV Co-prods." *Variety*, 9 May 2000, 1–3.

Haley, Kathy. "The Documentary Climbs to New Heights." *Broadcasting and Cable*, 3 November 1997, 46.

Harrington, C. Lee and Denise Bielby. "Global Television Distribution: Implications of TV 'Traveling' for Viewers, Fans and Texts." *American Behavioral Scientist* 48 (2005) 902–20.

Harrison, Kathryn. "Coupez a la Car Chase." *Forbes*, 3 May 1991, 60.

Hart, Kenneth. "Duel to the Death?" *Communications International*, May 1994, 7–11.

Heath, Carla. "Children's Television in Ghana: A Discourse About Modernity." *African Affairs* 96 (1997): 261–75.

Hendershot, Heather. "Introduction: Nickelodeon and the Business of Fun." In *Nickelodeon Nation* ed Heather Hendershot, 1–14. New York: New York University Press, 2004.

———. *Saturday Morning Censors: Television Regulation Before the V-Chip*. Durham, NC: Duke University Press, 1998.

Herman, Edward S. and Robert McChesney. *The Global Media: The New Missionaries of Corporate Capitalism*. Washington, DC: Cassell, 1997.

Hill, John. *British Cinema in the 1980s: Issues and Themes*. Oxford: Clarendon Press, 1999.

Hipsky, Martin. "Anglophil(m)ia." *Journal of Popular Film and Television* 22 (1994): 98–107.

Hirsh, Michael. "Funding Co-Productions: A Complicated but Tasty Recipe." *Animation World Magazine*, 10 January 1998. http://mag.awn.com/index.php?ltype=search&sval=michael+hirsh&article_no=612. Accessed 9 October 2003.

"History Channel Launching in Latin America." *Electronic Media*, 19 August 1996, 16.

Hobsbawm, E. J. *Nations and Nationalism Since 1780.* Cambridge: Cambridge University Press, 1992.

Hodges, Ann. "Homer's Epic Tale Becomes Miniseries." *The Houston Chronicle*, 18 May 1997, 3.

Hoffman, Katjah. "Survey—Creative Business." *Financial Times*, 22 May 2001, 18.

Hogarth, David. *Realer than Reel: Global Directions in Documentary.* Austin: University of Texas Press, 2006.

Holland, Jamie. "Tales of Ordinary Heroes: Why is the Second World War Dominating Films and Books as Never Before?" *Daily Telegraph* (London), 20 December 2000, 7.

Hoskins, Colin and Stuart McFadyen. "Canadian Participation in International Co-Productions and Co-Ventures in Television Programming." *Canadian Journal of Communication* 18 (1993): 219–36.

Hoskins, Colin, Stuart McFadyen, and Adam Finn. *Global Television and Film: An Introduction to the Economics of the Business.* Oxford: Clarendon Press, 1997.

Hubka, David. "Globalization of Cultural Production: The Transformation of Children's Animated Television, 1980 to 1995." In *Global Culture: Media, Arts, Policy, and Globalization*, ed Diana Crane, Nobuko Kawashima, and Ken'ichi Kawasaki, 233–55. London: Routledge, 2002.

———. "Globalization of Cultural Production: Children's Animated Television, 1978 to 1995." Diss. Carleton University, 1998.

Ingrassia, Joanne. "Canadian Producers Endorse Kids TV." *Electronic Media*, 15 May 1995, 20.

"International Networks." Discovery Communications Inc. http://corporate.discovery.com/brands/networks_abroad.html. Accessed 25 May 2007.

"Is This the Face of Jesus?" *The Atlanta Journal-Constitution*, 29 March 2001, 1D.

Jackel, Anne. "European Co-Production Strategies: The Case of France and Britain." In *Film Policy: International, National and Regional Perspectives*, ed Albert Moran, 85–97. London: Routledge, 1996.

Jarvik, Laurence. *Masterpiece Theatre and the Politics of Quality.* Lanham, MD: Scarecrow Press, 1999.

Jenkins, Philip. "A New Christendom." *The Chronicle of Higher Education*, 29 March 2002. http://chronicle.com/free/v48/i29/29b00701.htm. Accessed 20 March 2005.

Jensen, Elizabeth. "Turner Will Offer Preschoolers a Show with Ads as 'Bookends.'" *The Wall Street Journal*, 31 May 1996, B3.

Jensen, Robin M. "Jesus Up Close." *Christian Century*, 20 September 2003, 26–30.

"Jesus Doc Features New Image." *The Toronto Star*, 28 March 2001. LexisNexis, University of Arizona. Accessed 28 February 2008.

Johnson, Brooke Bailey. Interview by Debra Johnson. "A&E is Home Sweet Home to British Drama." *Broadcasting and Cable*, 13 January 1997, 92.

Johnston, Carla B. *International Television Co-Production: From Access to Success*. Boston: Focal Press, 1992.

Katz, Mike. "A&E and MTG Pair for History." *Broadcasting and Cable*, 25 August 1997, 39.

Kavanagh, Michael. "Is Costume Drama Going Out of Style?" *Electronic Media*, 19 January 1998, 86–87.

Keller, Kevin Lane. "Conceptualizing, Measuring, and Managing Customer-Based Brand Equity." *Journal of Marketing* 57 (1993): 1–22.

Kelly, Brendan. "Nelvana Jumping into 3D." *Daily Variety*, 22 October 1997, 8.

Kilborne, Richard and John Izod. *An Introduction to Television Documentary: Confronting Reality*. Manchester, UK: Manchester University Press, 1997.

"Killer 'Copied TV'." *The Guardian* (London), 20 October 1994, 3.

Kim, Hank. "These Ads Are History." *Adweek*, 4 August 1997, 6.

King, John. *Magical Reels: A History of Cinema in Latin America*. London: Verso Press, 1990.

Kirby, Andrew. "A Sense of Place." *Critical Studies in Mass Communication* 6 (1989): 322–26.

Kulik, Karol. *Alexander Korda: The Man Who Could Work Miracles*. London: W. H. Allen, 1975.

"La Promesa Programs/New York." National Latino Children's Institute. http://nlci.org/States/NewYork.htm#PlazaSésamo. Accessed 24 May 2007.

Lal, Vinay. *Empires of Knowledge: Culture and Plurality in the Global Economy*. London: Pluto Press, 2002.

Langway, Lynn. "The Selling of the Smurfs." *Newsweek*, 5 April 1982, 56.

LaSalle, Mick and Lee Hildebrand. "The Nazis: A Warning from History." *The San Francisco Chronicle*, 10 July 2005, 32.

Lev, Peter. *The Euro-American Cinema*. Austin: University of Texas Press, 1993.

Levinsky, Andy. "Unintended Consequences." *Humanist* 59 (1999): 5–8.

Lieberman, David. "The Disney Channel Names President." *USA Today*, 22 February 1996, 2B.

Lief, Louise. "France's Gaumont Takes Aim at the American Market." *The New York Times*, 25 December 1983, 13.

Liner, Elaine. "Grecian Formula," review of *The Odyssey*. *Boston Herald*, 18 May 1997, 6.

Lorenzi, Rossella. "Jesus Remade in New Documentary." *Discovery News*, http://doc.discovery.com/news/briefs/20030414/jesus_print.html. Accessed 19 March 2004.

Lowe, Vanessa. "PBS Show Tries Race Relations." *Black Enterprise* 22 (1992): 32.

Macnab, Geoffrey. *J. Arthur Rank and the British Film Industry*. London: Routledge, 1993.

Mahan, Elizabeth. "Culture Industries and Cultural Identity: Will NAFTA Make a Difference?" *Studies in Latin American Popular Culture* 14 (1995): 17–36. From Ebsco Host Academic Search Premiere, University of Arizona. Accessed 21 May 2007.

Mandel, Jennifer. "The Production of a Beloved Community: Sesame Street's Answer to America's Inequalities." *Journal of American Culture* 29 (2006): 3–13.

Mason, M. S. "NBC's Sumptuous Odyssey Is Must-Read TV," review of *The Odyssey*. *Christian Science Monitor*, 16 May 1997, 12.

Matthews, Kate. "Free Trade: Spotlight on the Children's Television Production Industry." *Australian Screen Education* 33 (2004): 32–37.

Mattleart, Armand. *Advertising International*. London: Routledge, 1989.

McAllister, Matthew P. and Matt Giglio. "The Commodity Flow of U.S. Children's Television." *Critical Studies in Media Communication* 22 (2005): 26–44.

McConville, Jim. "History Channel to Launch in London." *Broadcasting and Cable*, 9 October 1995, 60.

McKay, John. "CBC Promising Healthy Shows for Children." *Calgary Herald*, 20 September 1998, F7.

Meislin, Richard J. "...In Mexico, Latin Values Stressed." *The New York Times*, 29 September 1983, C17.

"MGM-BBC 26-Seg Galsworthy Saga." *Variety*, 30 March 1966, 1.

Mifflin, Lawrie. "BBC and Discovery to Develop Programming Together." *The New York Times*, 20 March 1998, 2D.

———. "Broadcasters and Producers Make Time for Children." *The New York Times*, 2 December 1996c, D1.

———. "TV Notes, That's Not All, Folks." *The New York Times*, 2 October 1996b, C18.

———. "Trying to Be Enticingly Eggheaded." *The New York Times*, 9 June 1996a, section 12, 55.

Miller, Jeffrey S. *Something Completely Different: British Television and American Culture*. Minneapolis: University of Minnesota Press, 2000.

Miller, Stuart. "Channels Get Hip to O'seas Savvy." *Variety*, 22 September 1997, M3.

Miller, Toby. "Cultural Citizenship." *Television and New Media* 2 (2001a): 183–86.

———. "Introducing... Cultural Citizenship." *Social Text* 19 (2001b): 1–5.

Miller, Toby, Nitin Govil, John McMurria, and Richard Maxwell. *Global Hollywood*. London: British Film Institute, 2001.

Mohamad, Michael, interview by Janoff Baroy. "Taking the Mystery Out of Marketing History." *Brandweek*, 18 April 2005, 12.

Montgomerie, Margaret. "Miniseries." *The Encyclopedia of Television*. Chicago: Museum of Broadcast Communications, 1997. http://www.museum.tv/archives/etv/M/htmlM/miniseries/miniseries.htm. Accessed 20 February 2003.

Morris, Meaghan. "Transnational Imagination in Action Cinema: Hong Kong and the Making of a Global Popular Culture." *Inter-Asia Cultural Studies* 5 (2004): 181–99.

Mullen, Megan. *The Rise of Cable Programming in the United States: Revolution or Evolution?* Austin: University of Texas Press, 2003.

"Necessary for Cable Growth." *Communication Daily*, 4 December 1987, 6.

Negrine, Ralph M. and Stylianos Papathanassopoulos. *The Internationalisation of Television*. London: Pinter, 1990.

Nichols, Bill. *Introduction to Documentary*. Bloomington: Indiana University Press, 2001.

———. *Representing Reality: Issues and Concepts in Documentary*. Bloomington: Indiana University Press, 1991.

Northam, Jean A. "Rehearsals in Citizenship: BBC Stop-Motion Animation Programmes for Young Children." *Journal for Cultural Research* 9 (July 2005): 245–63.

Nossiter, T. J. "British Television: A Mixed Economy." In *Broadcasting Finance in Transition: A Comparative Handbook*, ed Jay Blumler and T.J. Nossiter, 95–143. Oxford: Oxford University Press, 1991.

Obler, Suzanne. *Ethnic Label, Latino Lives: Identity and the Politics of (Re) Presentation in the United Sates*. Minneapolis: University of Minnesota Press, 1995.

O'Connor, John J. "For British Detective, Crime Pays." *The New York Times*, 29 March 1994, C18.

Olswang, Simon. "Introductory Paper." Paper presented at the Second Munich Symposium on Film and Media Law: European Coproduction in Film and Television, Munich, 1988.

O'Neil, Brian. "Yankee Invasion of Mexico, or Mexican Invasion of Hollywood? Hollywood's Renewed Spanish-Language Production of 1938–1939." *Studies in Latin American Popular Culture* 17 (1988): 79–104. Ebsco Host Academic Search Premiere, University of Arizona. Accessed 16 May 2007.

O'Regan, Tom. "The International, the Regional and the Local: Hollywood's New and Declining Audiences." In *Continental Shift: Globalisation and Culture*, ed Elizabeth Jacka, 74–98. Sydney, Australia: Local Consumption Publications, 1992.

O'Shaughnessy, John and Nicholas Jackson O'Shaughnessy. "Treating the Nation as a Brand: Some Neglected Issues." *Journal of Macromarketing* 20 (June 2000): 56–64.

O'Sullivan, John. "The Real British Disease." *The New Criterion*, September 2005, 16–23.

Paget, Derek. *True Stories? Documentary Drama on Radio, Screen and Stage.* Manchester, UK: Manchester University Press, 1990.

Palmer, Edward L., Milton Chen, and Gerald S. Lesser. "Sesame Street: Patterns of International Adaptation." *Journal of Communication* 26 (1976): 109–123.

Palmer, Nigel. "Double the Trouble?" In *Media Focus: Co-Productions*, ed Nigel Palmer, 4–5. London: SJ Berwin, 2001.

Paoli, Pascale. "MIP-TV Special Report: France Taking Co-Production Lead." *Kidscreen*, 1 April 1996, 64–67.

Parsons, Patrick and Robert Frieden. *Cable and Satellite Television Industries.* Needham Heights, MA: Allyn and Bacon, 1998.

Patrick, Aaron O. "In Tots' TV Shows, A Booming Market, Toys Get Top Billing." *The Wall Street Journal*, 27 January 2006, A1.

Patton, Susannah. "'Sesame Street' Broadens Into a Plaza As It Extends Reach to Other Cultures." *The Wall Street Journal*, 10 April 1995, B5.

Pecora, Norma. "Nickelodeon Grows Up: The Economic Evolution of a Network." In *Nickelodeon Nation*, ed Heather Hendershot, 14–44. New York: New York University Press, 2004.

Pendakur, Manjunath. *Canadian Dreams and American Control: The Political Economy of the Canadian Film Industry.* Detroit: Wayne State University Press, 1990.

Petersen, Judith. "How British Television Inserted the Holocaust into Britain's War Memory in 1995." *Historical Journal of Film, Radio and Television* 21 (2001): 255–72.

Peterson, Richard and N. Anand. "The Production of Culture Perspective." *Annual Review of Sociology* 30 (2004): 311–34.

Popper, Margaret. Christian Charret interview. *European Media Business and Finance*, 9 October 1995, 1.

Porter, Vincent. "European Co-Productions: Aesthetic and Cultural Implications." *Journal of Area Studies* 12 (1985): 6–10.

Postal, Carole. "Breaking Down Barriers." *Playthings*, June 1996, 66.

Powell, Chris and Peter York. "Beyond Ann Hathaway's Cottage." *New Statesman*, 6 May 2002, 28.

Preston, Elizabeth Hall and Cindy White. "Commodifying Kids: Branded Identities and the Selling of Adspace on Kid's Networks." *Communication Quarterly* 52 (2004): 115–28.

"Production Deals." *European Media Business and Finance*, 17 November 1997. LexisNexis, University of Arizona. Accessed 22 May 2007.

"Provisions of Anglo-U.S. Film Pact." *Variety*, 17 March 1948, 9.

Quill, Greg. "Tough New Broadcast Code Zaps TV Violence." *The Toronto Star*, 29 October, 1993, A1.

Rees, Laurence. "The Nazis: A Warning from History." In *Holocaust and the Moving Image: Representation in Film and Television Since 1933*, ed Toby Haggith and Joanna Newman, 146–53. London: Wallflower Pres, 2005.

Regan, Tom. "Kids' TV Opens to Northern Exposure." *Christian Science Monitor*, 25 August 1999, 6.

Robertson, Virginia. "Disney Channel Tunes in With a New Logo." *Kidscreen*, 1 September 1997, 16.

Rodgers-Melnick, Ann. "Messiah Complexity." *Pittsburgh Post-Gazette*, 13 April 2001, 36.

Rodriguez, America. "Creating An Audience and Remapping a Nation: A Brief History of U.S. Spanish Language Broadcasting." *Quarterly Review of Film and Video* 16 (1999): 357–74.

Rohter, Larry. "Learn English, Says Chile, Thinking Upwardly Global." *The New York Times*, 29 December 2004, A4.

Rosenstone, Robert. *Visions of the Past: The Challenge of Film to Our Idea of History*. Cambridge: Harvard University Press, 1995.

Ross, Chuck. "Cable TV: Marketer of the Year: A&E." *Advertising Age*, 8 December 1997, S1.

Rothstein, Edward. "Jane Austen Meets Mr. Right." *The New York Times*, 10 December 1995, section 4, 1.

Ruether, Rosemary. "Global Capitalism a New Challenge to Theologians." *National Catholic Reporter*, 7 February 2003, 16.

Said, Edward. "Orientalism Once More." *Development and Change* 35 (2004): 869–79.

Samuels, Rich. "International Co-Productions." *International Documentary*, December 1995/January 1996, 14–15.

Saunders, Dusty. "Indecisive 'Odyssey' Sails Off Course," review of *The Odyssey*. *Denver Rocky Mountain News*, 18 May 1997, 16D.

Schlesinger, Philip. "From Cultural Defence to Political Culture: Media, Politics and Collective Identity in the European Union." *Media, Culture and Society* 19 (3, 1997): 369–91.

Schmuckler, Eric. "Brats' Open Kids Season." *MediaWeek*, 12 January 1998, 5.

Schneider, Michael. "Nelvana Will Look After CBS Kids." *Electronic Media*, 12 January 1998, 120–21.

Scott, Tony. "A&E Mystery Movie Cracker." *Daily Variety*, 17 January 1995. LexisNexis, University of Arizona. Accessed 22 May 2007.

Seigel, Robert L. "It's a Small World Market After All II: International Documentary Co-Production." *The Independent*, March 1993, 32–33.

Sharkey, Betsy. "Going Wide, Wider, Widest." *Mediaweek*, 16 March 1998, 9.

———. "Television's Man of Letters." *Mediaweek*, 26 February 1996, 25.

Sherber, Anne. "Cable Shows Corner the Vid Market." *Billboard*, 12 April 1997, 59.

Sherwood, Rick. "Historic Agreement." *The Hollywood Reporter* Highlander Special Issue, 3 December 1996, S30.

Shochat, Lisa. "*Our Neighborhood*: Using Entertaining Children's Television to Promote Interethnic Understanding in Macedonia." *Conflict Resolution Quarterly* 21 (2003): 79–93.

Shumway, David R. "Nationalist Knowledges: The Humanities and Nationality." *Poetics Today* 19 (Fall 1998): 357–73.

Sierz, Aleks. *In-Yer-Face Theatre: British Drama Today*. London: Faber Press, 2001.

Sinclair, John. "Mexico, Brazil and the Latin World." In *New Patterns in Global Television: Peripheral Vision*, ed John Sinclair, Elizabeth Jacka, and Stuart Cunningham, 33–66. Oxford: Oxford University Press, 1996.

———. "Spanish-Language Television in the United States: Televisa Surrenders its Domain." *Studies in Latin American Popular Culture* 9 (1990): 39–64. Ebsco Host Academic Search Premiere, University of Arizona. Accessed 13 November 2003.

Sinclair, John, Elizabeth Jacka, and Stuart Cunningham. "Peripheral Vision." In *New Patterns in Global Television: Peripheral Vision*, ed John Sinclair, Elizabeth Jacka, and Stuart Cunningham, 1–32. Oxford: Oxford University Press, 1996.

Snyder, Beth. "Fisher-Price Embarks on Saturday Morning TV." *Advertising Age*, 8 February 1999, 3.

Sobchack, Vivian. "Introduction: History Happens." In *The Persistence of History: Cinema, Television, and the Modern Event*, ed Vivian Sobchack, 1–14. New York: Routledge, 1996.

Solomon, Harvey. "History Lessons." *The Boston Herald*, 21 June 1998, 6.

Sonntag, Selma K. *The Local Politics of Global English: Case Studies in Linguistic Globalization*. Lanham, MD: Lexington Books, 2003.

Sparks, Colin. "Is There a Global Public Sphere?" In *Electronic Empires: Global Media and Local Resistance*, ed Daya Kishan Thussu, 108–24. London: Arnold, 1998.

Spring, Greg. "Canada's Nelvana, CBS a Match Made By Kids Rules." *Electronic Media*, 2 March 1998, 3.

Stanley, T. L. "Spread the Risk, Share the Riches?" *Brandweek*, 2 June 1997, 22.

Sterngold, James. "Reinventing the Box: How Cable Captures the Mini-Series and the High Ground." *The New York Times*, 20 September 1998, 86.

Stevenson, Nick. "Cultural Citizenship in the 'Cultural' Society: A Cosmopolitan Approach." *Citizenship Studies* 7 (2003): 331–48.

Stewart-Allen, Allyson. "Heritage Branding Help in the Global Markets." *Marketing News*, 5 August 2002, 7.

Stock, Paul. "Dial 'M' for Metonym: Universal Exports, M's Office Space and Empire." *National Identities* 2 (2000): 35–47.

Street, Sarah. *British Feature Films in the United States*. New York: Continuum Press, 2002.

Strover, Sharon. "Recent Trends in Coproductions: The Demise of the National." In *Democracy and Communication in the New Europe: Change and Continuity in East and West*, ed Farrel John Corcoran and Paschal Preston, 97–123. Cresskill, NJ: Hampton Press, 1995.

Sullivan, Andrew. "Trash Pickup." *The New Republic*, 4 November 2002, 19.

Sutcliffe, Thomas. "Now for a Programme Right up your Strata." *The Independent on Sunday* (London), 17 June 2001, 14.

Sutter, Mary. "Sesame Pacts with Discovery, Televisa." *Daily Variety*, 23 April 2004, 12.

Swaan, Abram de. *Words of the World: The Global Language System*. Oxford: Oxford University Press, 2001.

Taubin, Amy. "Murder, She/He Wrote." *Village Voice*, 3 May 1994, 45.

Taves, Brian. "The History Channel and the Challenge of Historical Programming." *Film and History* 30 (2000): 7–16.

Taylor, Paul. "Responding to the Shock of the New: Trade, Technology and the Changing Production Axis in Film, Television and New Media." Diss. University of Washington, 1998.

Taylor, Toper. "Keeping the US in Balance with the Rest of the World." *Kidscreen*, 1 December 1998, 33.

Thompson, Kristin. *Exporting Entertainment: America in the World Film Market 1907–34*. London: BFI Publishing, 1985.

Thompson, Robert J. *Television's Second Golden Age: From Hill Street Blues to ER*. New York: Continuum Press, 1996.

Tinic, Serra. "Going Global: International Coproductions and the Disappearing Domestic Audience in Canada." In *Planet TV: A Global Television Reader*, ed Lisa Parks and Shanti Kumar, 169-185. New York: New York University Press, 2003.

Tomlinson, John. *Cultural Imperialism: A Critical Introduction*. London: Pinter Publishers, 1991.

"Too Much of a Good Thing." *Economist*, 18 December 2004, 97.

"TV Documentary Challenges Conventional View of Jesus." *The Seattle Times*, 28 March 2001, A4.

Urban, Ken. "Towards a Theory of Cruel Britannia: Coolness, Cruelty, and the 'Nineties'." *New Theatre Quarterly* 20 (2004): 354–72.

"U.S. Exports: End of Boom." *Business Week*, 16 August 1947, 103.

Van Dijck, Jos. "Picturizing Science: The Science Documentary as Multimedia Spectacle." *International Journal of Cultural Studies* 9 (2006): 5–24.

Walley, Wayne. "Disney Channel No Fantasy." *Advertising Age*, 1 December 1986, S10.

Walmsley, Ann. "A Bearish Move with Bullish Results." *Maclean's*, 27 May 1985, 54.

Warner, Bethany. "Discovery Puts Context Into the Life of 'Jesus.'" *The Washington Times*, 14 April 2001, D1.

Wasko, Janet. *Understanding Disney*. Malden, MA: Blackwell, 2001.

Webb, Alex. "Looking for the Historical Jesus." 26 March 2001. *BBC Online*. http://news.bbc.co.uk/1/hi/entertainment/tv_and_radio/1243954.stm. Accessed March 20, 2005.

Wells, Matt. "Is This the Real Face of Jesus Christ?" *The Guardian*, 27 March 2001. http://www.guardian.co.uk/print/0,3858,4160069-103690,00.html. Accessed 19 March 2004.

Westcott, Tim. "Indie Producers Look to Boost Biz Abroad." *Variety*, 14 December 1998, 79.

White, Cindy and Elizabeth Hall Preston. "The Spaces of Children's Programming." *Critical Studies in Media Communication* 22 (2005): 239–55.

White, Hayden. "The Modernist Event." In *The Persistence of History: Cinema, Television and the Modern Event*, ed Vivian Sobchack, 17–38. New York: Routledge, 1996.

"Why Do We Think Christ Was White?" *BBC News Online*, 27 March 2001. http://news.bbc.co.uk/1/hi/uk/1244037.stm. Accessed 20 March 2005.

Wilinsky, Barbara. *Sure Seaters: The Emergence of Art House Cinema*. Minneapolis, MN: University of Minnesota Press, 2001.

Williams, Frederick and Diana S. Natalicio. "Evaluating *Carrascolendas*: A Television Series for Mexican-American Children." *Journal of Broadcasting* 16 (1972): 299–309.

Williams, Michael. "English Lingo Sounds Good to Gaumont." *Variety*, 26 October 1998, 34.

Willsher, Kim. "Paris Offers EU Newcomers Crash Course in French." *Sunday Telegraph* (London), 7 March 2004, 31.

Worrell, Kris. "The Past is Present on History." *Broadcasting and Cable*, 4 May 1998, 72, 76.

Worsdale, Andrew. "Cinematic Notions on Sale." *Electronic Mail and Guardian*, 13 November 1997. http://www.chico.mweb.co.za/mg/art/reviews/97nov/13nov-filmmarket.html. Accessed 16 May 2007.

Zad, Martie. "The Jesus Story: A Scientific View." *The Washington Post*, 15 April 2001, Y04.

Zahed, Ramin. "Mr. Joyce Goes to Hollywood." *Daily Variety*, 30 September 1997, 20.

Zbar, Jeffrey D. "Wishing Upon a Star Only the Beginning." *Advertising Age*, 10 April 2000, S12.

Ziegler, Regina. "Introductory Paper." Paper presented at the Second Munich Symposium on Film and Media Law: European Coproduction in Film and Television, Munich, 1988.

Zoglin, Richard. "A Show From Our Sponsors: A Cable Network Cancels a Series of Corporate-Made 'Histories' As TV's Lines of Demarcation Get Hazier." *Time*, 17 June 1996, 101.

索 引

（索引页码为原书页码，即本书页边码）

图书在版编目（CIP）数据

全球电视产业 /（美）芭芭拉·J. 塞尔兹尼克著；
范雪竹译. —杭州：浙江大学出版社，2017.6
书名原文：Global Television: Co-Producing
Culture
　　ISBN 978-7-308-16914-1

　　I.①全… Ⅱ.①芭… ②范… Ⅲ.①电视事业-研
究-世界 Ⅳ.①G229.1

中国版本图书馆CIP数据核字（2017）第082058号

全球电视产业

[美] 芭芭拉·J. 塞尔兹尼克 著　范雪竹 译

责任编辑　王志毅
装帧设计　王小阳
出版发行　**浙江大学出版社**
　　　　　（杭州天目山路148号 邮政编码310007）
　　　　　（网址：http://www.zjupress.com）
制　　作　北京大观世纪文化传媒有限公司
印　　刷　北京中科印刷有限公司
开　　本　710mm×1000mm　1/16
印　　张　14
字　　数　194千
版 印 次　2017年6月第1版　2017年6月第1次印刷
书　　号　ISBN 978-7-308-16914-1
定　　价　49.00元